Doina Oehlmann
Erfolgreich recherchieren – Geschichte
De Gruyter Studium

Erfolgreich recherchieren

———

Herausgegeben von
Klaus Gantert

Doina Oehlmann

Erfolgreich recherchieren – Geschichte

—

DE GRUYTER

SAUR

ISBN 978-3-11-027112-6
e-ISBN 978-3-11-027130-0
ISSN 2194-3443

Library of Congress Cataloging-in-Publication Data
A CIP catalog record for this book has been applied for at the Library of Congress.

Bibliografische Information der Deutschen Nationalbibliothek
Die Deutsche Nationalbibliothek verzeichnet diese Publikation in der
Deutschen Nationalbibliografie; detaillierte bibliografische Daten
sind im Internet über http://dnb.dnb.de abrufbar.

© 2012 Walter de Gruyter GmbH & Co. KG, Berlin/Boston
Satz: jürgen ullrich typosatz, Nördlingen
Druck und Bindung: Hubert & Co. GmbH & Co. KG, Göttingen
∞ Gedruckt auf säurefreiem Papier
Printed in Germany

www.degruyter.com

Vorwort

Die enorme Vermehrung der Bücher in jedem Wissenszweig ist eines der größten Übel dieser Zeit;
es stellt eines der ernsthaftesten Hindernisse für die Gewinnung korrekter Informationen dar,
indem es dem Leser Haufen von Plunder in den Weg wirft,
worin dieser auf quälende Weise nach Fetzen von nützlichem Stoff tasten muss.

Dieses Zitat von Edgar Allan Poe gilt in der Zeit von Internet und Smartphone in besonderem Maße: die Herausforderung bei der Suche nach wissenschaftlichen Informationen ist die Auswahl der relevanten und wichtigen Teile dessen, was zur Verfügung steht.

Das Buch richtet sich an alle die, die einen Überblick über die wichtigsten Informationsressourcen für Historiker und einen Einblick in den Umgang mit den darin enthaltenen Informationen erhalten möchten. Eine strenge, an einigen Stellen sogar exemplarische Auswahl der vorgestellten Informationsmittel ist bei einer solchen Einführung unumgänglich.

Herzlichen Dank richte ich an alle Kolleginnen und Kollegen, die mir mit ihrer Hilfe, ihren Vor- und Ratschlägen das Verfassen dieses Bandes ermöglicht haben, vor allem an Klaus Gantert, Robert Zepf sowie Belinda Jopp.

Hillerse, Februar 2012
Doina Oehlmann

Inhaltsverzeichnis

1 Basics

1.1 Literatursuche –
die Nadel im Heuhaufen finden

Die Suche nach wissenschaftlichen Informationen kann der Suche nach einer Nadel im Heuhaufen ähneln. Zunächst ist zu entscheiden, in welcher Ecke der Beginn der Suche sinnvoll ist. Wenn die Suche begonnen hat, sind viele Funde möglich, genau die benötigte Nadel zu finden, scheint zunächst unmöglich. Im Gegensatz zum Bild von der Nadel im Heuhaufen gibt es für eine Suche nach wissenschaftlicher Information jedoch Strategien, die umfassende und gute Ergebnisse zwar nicht garantieren, aber deutlich wahrscheinlicher machen. Das Wissen um Grundlagen einer wissenschaftlichen Recherche und die Kenntnis der wichtigsten Nachschlagewerke eines Faches sind sinnvoll, um viel Zeit bei unnötigen Suchen zu sparen. Trotzdem unterscheidet sich jede Recherche von der letzten, weil sich die Fragen, die hinter der Suche stehen, immer wieder ändern. DAS Nachschlagewerk oder DIE Suchmaschine gibt es – leider – nicht. Wichtige fachliche Informationen finden Sie in Fachdatenbanken aller Art, als Geisteswissenschaftler jedoch auch, zumindest mittelfristig noch, in gedruckten Medien. Da der sogenannte „Medienbruch" in der Geschichtswissenschaft Realität ist, werden in diesem Buch beide Medienarten, digitale sowie konventionell vorliegende, einbezogen. Ein eindeutiger Schwerpunkt liegt jedoch auf den digitalen Medien.

Ziel dieser Einführung in die wissenschaftliche Recherche ist, dass Sie einen Überblick über die wichtigsten Grundlagen der Recherche nach geschichtswissenschaftlichen Quellen und Literatur und über den Umgang mit den gefundenen Materialien erhalten. Grundlegende Ressourcen für die Suche nach Quellen und Sekundärliteratur werden vorgestellt, so dass Sie mit den Ergebnissen in die meisten historischen Fragen einen Einstieg finden können. Materialien zu einzelnen Themengebieten, z. B. die oft sehr speziellen Nachschlagewerke zu historischen Hilfswissenschaften wie der Genealogie oder der Wappenkunde können an dieser Stelle nicht ausführlich beschrieben werden. Auch die Suche nach besonderen historischen Materialien, wie z. B. archäologischen oder archivalischen Quellen, bedarf einer speziellen Einführung.

1.1.1 Allgemeine Suchmaschinen

Google

Auch wenn sie in der Wissenschaft mitunter keinen guten Ruf haben: Jeder, der mit dem Internet arbeitet, nutzt die allgemeinen Suchmaschinen wie **Google, Bing** und **Yahoo** regelmäßig. Die Suchanfrage wird schnell und meist mit einer hohen Trefferanzahl beantwortet, Rechtschreibfehler werden korrigiert und Suchbegriffe sogar ergänzt.

Tipp

Wenn Sie bei Google nach Phrasen – also mehreren zusammengehörigen Wörtern hintereinander (z. B. „Französische Revolution") – suchen, setzen Sie diese in Anführungszeichen. So werden viele unnötige Treffer vermieden, in denen nur einer der Begriffe auftaucht.

Allerdings gibt es auch gleich mehrere Haken an einer solchen Suche:
- Meist ist die Zahl der gefundenen Ergebnisse sehr hoch und viele der gefundenen Links ähneln sich bei näherem Hinschauen, so dass Treffern ab der Ergebnisseite fünf – oder früher – kaum noch Beachtung geschenkt wird, in der Annahme alles Wichtige habe man bereits gesehen.
- Das Ranking, d. h. die Sortierung der Treffer ist jedoch Angelegenheit des Suchmaschinenbetreibers und im Detail meist ein Geheimnis. Bei den genannten Suchmaschinen werden sowohl die Häufigkeit und Position der Suchworte im Dokument als auch die gegenseitigen Verlinkungen (die als Empfehlungen gewertet werden) in die Beurteilung einer Suche einbezogen. Wenn das eingegebene Suchwort also nicht allzu häufig im Text erscheint oder ein Synonym gebraucht wurde oder wenn eine Internetseite noch relativ neu und daher noch nicht allzu oft verlinkt ist, werden diese Seiten nicht gefunden oder so weit hinten aufgelistet, dass Sie sie mit hoher Wahrscheinlichkeit nicht beachten.
- Immer häufiger „wissen" Suchmaschinen durch die Auswertung bisheriger Suchen so viel von den Interessen der Suchenden, dass Treffer, die wahrscheinlich „gefallen", in der Ergebnisliste vorne aufgeführt werden. So erscheint es als ob die Treffer, die evtl. erwartet und präferiert werden, das repräsentieren, was es zu der Anfrage gibt, während Neues, Unerwartetes (für die wissenschaftliche Erkenntnis aber Unentbehrliches) sehr spät oder gar nicht aufgelistet wird.
- Trotz der großen Treffermenge durchsuchen allgemeine Suchmaschinen nur einen kleinen Teil des Internets. Große Teile, z. B. geschützte Daten oder kostenpflichtige Fachdatenbanken, das

sogenannte „Invisible Web" oder „Deep Web" sind für die Suchmaschinen nicht durchsuchbar.

– Die Qualität der gefundenen Daten ist sehr unterschiedlich, der größte Teil der Treffer ist wahrscheinlich nicht relevant, muss aber angesehen werden, was die Schnelligkeit einer Suchmaschinensuche deutlich relativiert.

Zumindest ein Teil dieser Probleme kann schon durch die Nutzung einer wissenschaftlichen Suchmaschine vermieden werden.

1.1.2 Wissenschaftliche Suchmaschinen

Die wissenschaftlichen Suchmaschinen wie **Google Scholar, Base OAIster** oder **Scirus** bieten häufig mehr hochwertige Treffer. Sie werten nur wissenschaftlich relevante Websites aus. Darunter fallen unter anderen Seiten von Wissenschaftsverlagen und Universitäten, aber auch Seiten, auf denen sich Seminar- oder Magisterarbeiten finden (siehe auch das Kapitel zu den Plagiaten). Google Scholar nutzt ein schon lange gebräuchliches Prinzip zur Suche wissenschaftlicher Ressourcen: das sogenannte „Schneeballprinzip".

Wissenschaftliche Suchmaschinen

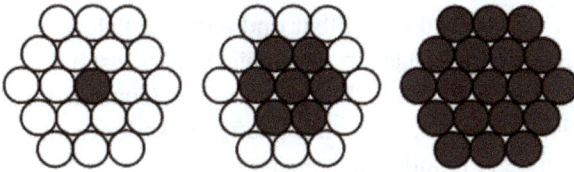

Abb. 1: Schneeballprinzip

Das Schneeballprinzip nutzt die Tatsache, dass Literaturangaben aktueller Veröffentlichungen häufig sehr gute Fundorte bei der Literatursuche zu einem ähnlichen Thema sind. Von einer Veröffentlichung ausgehend wird Literatur gefunden, die auf weitere Literatur hinweist, in der wiederum andere Hinweise zu finden sind ... Google Scholar zeigt in Nachahmung dieses Prinzips ebenfalls Ergebnisse an, die lediglich den Hinweisen bzw. Links anderer Treffer entnommen sind. Solche Ergebnisse werden als „Zitationen" aufgeführt.

Abb. 2: Google Scholar

Wissenschaftliche Suchmaschinen zeigen oft viele relevante Treffer in sehr kurzer Zeit mit einer einfachen Suche. Trotzdem bleiben ein paar Haken: Das „Deep Web" bleibt auch für wissenschaftliche Suchmaschinen weitgehend unsichtbar und auch die Relevanzbeurteilung (die zum Ranking führt) ist bei den meisten wissenschaftlichen Suchmaschinen undurchsichtig. Zudem muss die Literatur im folgenden Schritt gelesen werden, dazu sind häufig entweder ein Kauf oder die erneute Suche in Bibliothekskatalogen nötig.

1.2 Bibliothekskataloge I: OPACs

OPAC

Hinter der sperrigen Bezeichnung OPAC (Online Public Access Catalog) verbergen sich elektronische Bibliothekskataloge. Wenn Ihnen also in Ihrer heimatlichen Bibliothek ein Bibliothekar rät: „Das müssen Sie im OPAC nachsehen", dann meint er, Sie sollen im Internet den Katalog der Bibliothek aufrufen und darin suchen. In einem OPAC wird idealerweise die gesamte Literatur verzeichnet, die die jeweilige Bibliothek besitzt. Das ist aber nicht immer so gewesen. In vielen Bibliotheken verzeichnet man erworbene Medien erst seit ca. 25–30 Jahren in einem elektronischen Katalog, vorher wurden konventionelle Kataloge (meist Karteikästen mit den entsprechenden Karten) verwandt. Inzwischen haben die Bibliotheken große Teile ihrer konventionellen Kataloge digitalisiert, nur selten ist es nötig, alte Literatur noch in Kartenkatalogen zu suchen. Besondere Bestände, die einer speziellen Behandlung bedürfen (z. B. Handschriften oder alte Drucke), sind jedoch in vielen Fällen nicht im OPAC verzeichnet und müssen in separaten Katalogen gesucht werden.

Wichtig ist es auch zu wissen, dass Bibliotheken vor allem „selbstständige" Literatur in ihren elektronischen Katalogen verzeichnen, das heißt Monographien oder Zeitschriftentitel sind zu finden, Beiträge aus Zeitschriften oder Sammelbänden jedoch in der Regel nicht. (Genauere Informationen zu unterschiedlichen Dokumenttypen finden Sie im Kapitel Suchtechniken ab S. 12.)

Für die Suche stehen meist zwei Alternativen zur Verfügung: Eine einfache und die erweiterte Suche (Expertensuche).

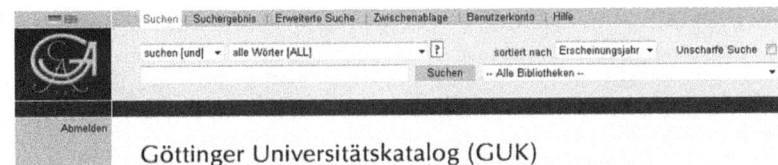

Abb. 3: Einfache Suche im OPAC der Niedersächsischen Staats- und Universitätsbibliothek Göttingen

Die einfache Suche besteht aus einem Suchschlitz zur Eingabe eines oder mehrerer gesuchter Begriffe. **Geben Sie Suchbegriffe in der grammatischen Grundform, d. h. im Nominativ Singular ein!** Nach der Eingabe eines Begriffs wird in allen Suchkategorien, die ein Bibliothekskatalog kennt (Autorenname, Titel, Verlagsort, Erscheinungsjahr, ISBN ...), nach dem Suchbegriff gesucht. Wenn er nicht sehr speziell ist, führt das häufig zu einer zu großen Trefferanzahl. Daher ist bereits bei der einfachen Suche die Auswahl einer Suchkategorie möglich, um auf diese Weise konkret nach Titelbegriffen, ISBN oder Autoren zu suchen. Bei der Suche nach Literatur zu einem bestimmten Thema, bietet sich die Suche nach „Schlagworten" an. Schlagworte sind Begriffe, die möglichst genau den Inhalt eines Werkes wiedergeben. Sie werden von Experten des jeweiligen Faches in den Bibliotheken vergeben, um das Finden von Literatur zu ermöglichen.

Tipp

Mit der **Schlagwortsuche** können Sie thematisch suchen und finden auch Werke mit Begriffen im Titel, die Sie als Suchwort nicht eingegeben haben. Ein Beispiel: Mit der Suche nach „Kalter Krieg" werden Titel wie „We all lost the cold war" oder „Europa im Ost-West-Konflikt 1945–1991" gefunden.

Tipp

Um die Suche zu optimieren, können Suchbegriffe abgekürzt werden, damit alle grammatischen Formen mitgesucht werden (siehe „Trunkieren" im Kapitel „Suchtechniken").

Zur Kombination mehrerer Suchbegriffe empfiehlt sich die Nutzung der erweiterten Suche, bei der einige Suchzeilen mit vielen Auswahlmöglichkeiten angeboten werden. Oft bestehen bei der erweiterten Suche noch zusätzliche Möglichkeiten, die Anfrage zu verfeinern, indem z. B. die Sprache, in der die gesuchte Veröffentlichung erschienen ist, oder ein Zeitraum, in dem sie erschienen sein soll, bestimmt werden.

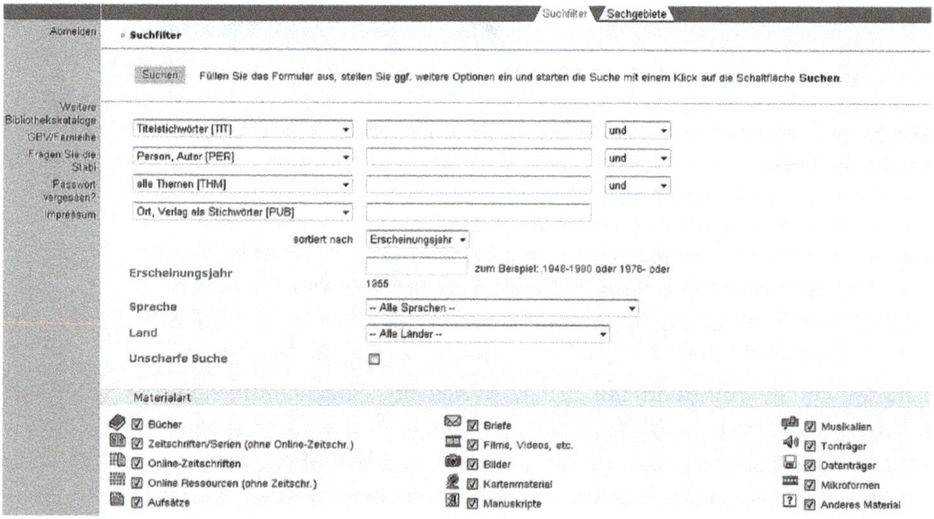

Abb. 4: Erweiterte Suche im Campus Katalog Hamburg

Tipp

Mehrere Suchbegriffe können miteinander in Beziehung gesetzt werden, um gute Suchergebnisse zu erzielen (siehe „Boolesche Operatoren" im Kapitel „Suchtechniken")

1.2.1 OPACs der Zukunft

Wenn Sie ein reger Nutzer moderner Technologie sind, werden Sie bei der Nutzung „herkömmlicher" Bibliothekskataloge schnell merken, dass Sie zwar sehr genau suchen können, sich allerdings doch an die „Eigenarten" des Kataloges gewöhnen müssen. Um die Suche „intuitiver" zu gestalten, gibt es eine Reihe neuer Entwicklungen, die Bibliothekskataloge mehr und mehr zu einer Art Bibliothekssuchmaschine werden lassen.

Die einfache Suche bietet dann zunächst mal „nur" einen Suchschlitz – jede Einschränkungs- oder -wahlmöglichkeit fehlt. Werden bei der ersten Anfrage zu viele Treffer erzielt, bieten die Bibliothekskataloge verschiedene weitere Einschränkungsmöglichkeiten, sogenannte Facetten. Sehr gebräuchliche Facetten sind unter anderem die Verfügbarkeit (Text online verfügbar, ausleihbar oder leider nicht verfügbar), Erscheinungsjahre oder auch das Thema des Treffers, beurteilt zum Beispiel anhand von Schlagworten.

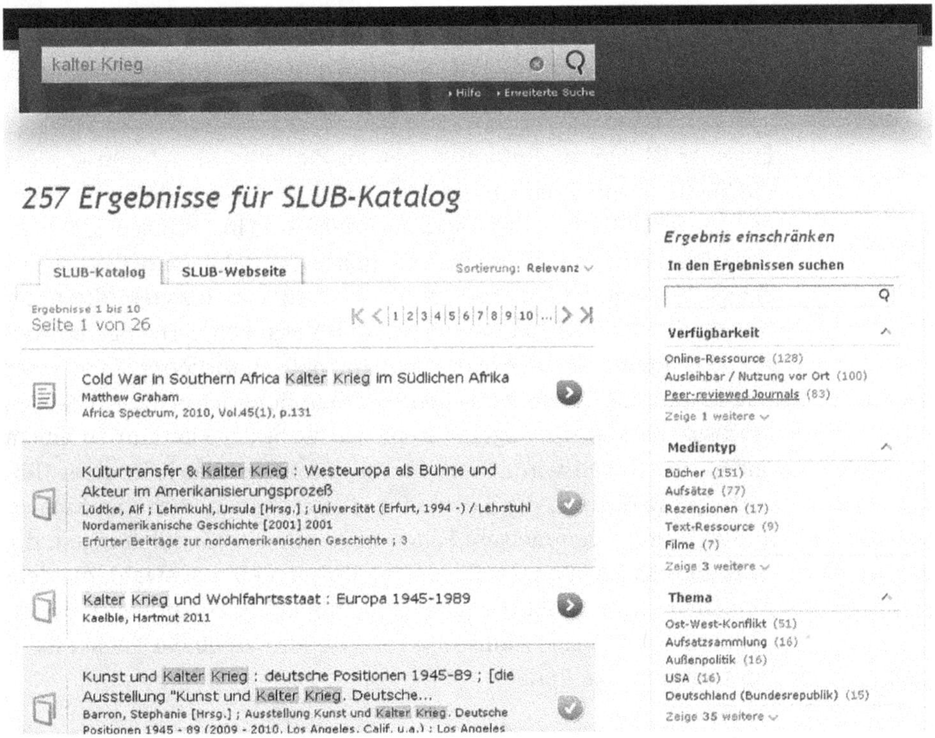

Abb. 5: Trefferliste mit Facettierungsmöglichkeit im Katalog der Sächsischen Landesbibliothek Staats- und Universitätsbibliothek Dresden

Immer häufiger können mithilfe sog. **Alerting-Dienste** auch Suchanfragen in einem Katalog hinterlegt werden, so dass per E-Mail oder RSS-Feed eine Information gesendet wird, sobald die Bibliothek neue Treffer zu dieser Anfrage bietet. Durch **Catalog-Enrichment** werden die üblichen bibliographischen Angaben (Autor, Titel, Erscheinungsort und -datum, Verlag, ISBN ...) durch weitere Informationen über das Medium (Inhaltsverzeichnis, Klappentext, Rezensionen etc.) angereichert, so dass es einerseits leichter gefunden werden kann und Suchende andererseits besser entscheiden können, ob dieses Buch wirklich zutreffend ist. In einem Katalog mit **Recommenderfunktion** werden nach einem guten Treffer weitere Vorschläge zu evtl. ebenfalls gesuchter Literatur gemacht. Die Empfehlungen werden aufgrund statistischer Analysen des Recherche- und Ausleihverhaltens der Bibliotheksbenutzer ermittelt. Auch Funktionen des **Collaborative Tagging,** bei dem die Nutzenden eines Mediums dieses kommentieren oder Schlagworte für dessen Inhalt vergeben, werden in Bibliothekskatalogen getestet.

1.3 Bibliothekskataloge II – Hintergrundinformationen

Ein paar Hintergrundinformationen zu Bibliothekskatalogen können die Suche darin erheblich effektiver machen: Je spezieller eine Suchanfrage formuliert ist, desto weniger Treffer sind in der Ergebnisliste zu erwarten. Zu Beginn einer Literatursuche ist es daher empfehlenswert, eher allgemeiner zu suchen und mehr Treffer zu erzielen, die unter Umständen noch auf andere Aspekte des gesuchten Themas hinweisen. Das ähnelt der Suche vor einem thematisch sortierten Regal einer Buchhandlung. In einer solchen Buchhandlung ist man sich dessen bewusst, dass in der Regel nur eine Auswahl der Literatur zu einem Thema angeboten wird. Genauso verhält es sich auch in einer Bibliothek: Die Medien, die Sie zu einer thematischen Suche im Katalog finden, sind in den meisten Fällen nicht alle Veröffentlichungen, die es zu diesem Thema gibt. Es handelt sich um eine Auswahl, die dem Aufgabenschwerpunkt der jeweiligen Bibliothek entspricht. Eine annähernd vollständige Auflistung von Literatur zu einem Thema ist in Bibliographien zu finden

Eine **Bibliographie** enthält alles, was zu einem Thema veröffentlicht wurde, während im **Bibliothekskatalog** aufgeführt ist, was dazu vor Ort vorhanden ist.

1.3.1 Verbundkataloge

Verbundkataloge sind Datenbanken, in denen mehrere Bibliotheken ihre Bestände gemeinsam verzeichnen. Diese Kataloge sind sehr gut zur überregionalen Recherche zu nutzen. In Verbundkatalogen sind auch in immer größer werdender Zahl Aufsatzdaten zu finden – meist handelt es sich dabei allerdings um ausgewählte Titel der letzten 20 Jahre. Die Suchbildschirme sind denen der lokalen OPACs sehr ähnlich, zu jedem Treffer sind die besitzenden Bibliotheken angegeben.

Verbund-katalogе

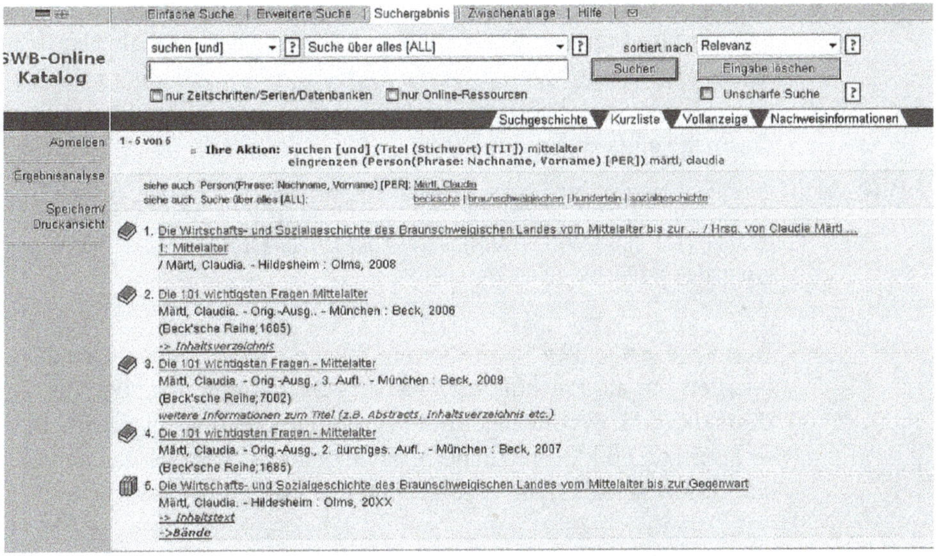

Abb. 6: Ergebnisliste im Katalog des Südwestdeutschen Bibliotheksverbundes

Im deutschsprachigen Raum gibt es Kataloge der acht folgenden großen regionalen Bibliotheksverbünde:
- Bayerischer Bibliotheksverbund BVB
- Südwestdeutscher Bibliotheksverbund SWB
- Hessisches Bibliotheksinformationssystem HEBIS
- Nordrhein-westfälischer Bibliotheksverbund HBZ
- Gemeinsamer Bibliotheksverbund (von sieben nord- und ostdeutschen Bundesländern sowie der Stiftung Preußischer Kulturbesitz) GBV
- Kooperativer Bibliotheksverbund Berlin-Brandenburg KOBV
- Österreichischer Bibliotheksverbund ÖBV
- Informationsverbund Deutschschweiz IDS

Rekord

Der bei weitem weltweit größte Verbundkatalog ist der World Cat, in dem in etwa 140 Millionen Titel aus Bibliotheken aller Welt nachgewiesen sind. Die enthaltenen Daten sind jedoch sehr heterogen, weil international sehr unterschiedliche Regeln zur Beschreibung von Medien gelten.

Ein Beispiel wie ein Verbundkatalog der Zukunft, vor allem seine Recherchefunktion, aussehen könnte, ist **Dandelon**. Dandelon enthält als „Search engine für wissenschaftliche Literatur" die Bestände von ca. 20 internationalen Bibliotheken. Nachgewiesen werden nicht nur Bücher, sondern auch Aufsatztitel – leider nur in Auswahl. Außer den bibliographischen Daten eines Buches werden Inhaltsverzeichnisse gescannt und indexiert, alle wichtigen Begriffe eines Inhaltsverzeichnisses sind damit suchbar. Durch hinterlegte Wörterbücher und Thesauri können auch Synonyme, Schreibvarianten und Übersetzungen in die Suche einbezogen werden.

Ein **Thesaurus** besteht aus Begriffen zu einem Themengebiet, die zueinander in Beziehung gesetzt werden und auf diese Weise ein Begriffssystem bilden, das Zusammenhänge des Fachgebietes erkennen lässt.

Wenn Sie einen Begriff in den enthaltenen Wörterbüchern suchen, erhalten Sie als Ergebnis eine visuelle Darstellung des begrifflichen Umfelds, d. h. Synonyme, Unterbegriffe etc. werden angezeigt. Diese Funktion enthält nützliche Ansätze, geht für Begriffe aus den Geschichtswissenschaften jedoch noch nicht sehr „in die Tiefe".

[de] Zeitgeschichte >

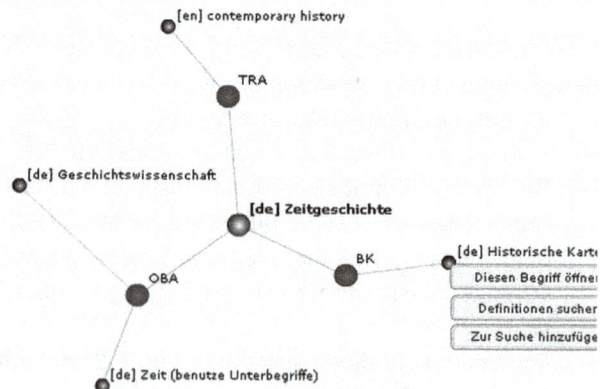

[en] contemporary history

TRA

[de] Geschichtswissenschaft

[de] Zeitgeschichte

BK

[de] Historische Kart

Diesen Begriff öffne

Definitionen suchen

Zur Suche hinzufüge

OBA

[de] Zeit (benutze Unterbegriffe)

Abb. 7: „Zeitgeschichte" in einem Dandelon-Thesaurus

1.3.2 Metakataloge

Eine dritte Art nützlicher Kataloge sind Metakataloge, mit deren Hilfe Metakataloge eine Suchanfrage an mehrere Bibliothekskataloge gleichzeitig abgesendet wird. Die Anfrage wird in den einzelnen Katalogen bearbeitet und die Ergebnisse an den Metakatalog zurückgeliefert, der die Treffer, nach Fundort sortiert, auflistet. Das klingt als sei die Nutzung lokaler Bibliothekskataloge unnötig, es verbergen sich jedoch Nachteile hinter der schönen Fassade: Nicht alle lokalen Bibliothekskataloge unterstützen dieselben Suchkriterien. Die Metasuchmaschinen arbeiten jedoch mit dem Prinzip des „kleinsten gemeinsamen Nenners": Wenn das eigegebene Suchkriterium nicht von allen ausgewählten Katalogen unterstützt wird, enthält die Ergebnisliste unter Umständen für einige Orte keine Treffer, obwohl die jeweilige Bibliothek durchaus passende Medien vorhält. Für eine genaue Suche vor Ort sind daher die lokalen OPACS unverzichtbar. Um einen Überblick über die Literaturlage zu erhalten oder um überregional nach einem bestimmten Medium zu suchen, sind Metakataloge jedoch sehr hilfreich.

Das in Deutschland bekannteste und wichtigste Beispiel für einen Metakatalog ist der **Karlsruher Virtuelle Katalog,** kurz **KVK,** mit dessen Hilfe über 60 Bibliotheks- und Verbundkataloge sowohl in Deutschland als auch international durchsucht werden können.

Abb. 8: Karlsruher Virtueller Katalog

1.4 Suchtechniken

Jede Fragestellung ist anders, jede Datenbank ist anders und fast jede Eingabemaske ist anders. Daher gleicht kaum eine Suchanfrage der nächsten und die jeweilige Suchstrategie muss immer wieder neu gefunden werden. Trotzdem gibt es einige Techniken und Grundsätze, die Ihnen die Arbeit deutlich erleichtern können. Die wichtigsten darunter sind: Kenntnis der unterschiedlichen Dokumenttypen, Beachtung der Suchkriterien und Register, Benutzung von Booleschen Operatoren, Trunkierung und Maskierung.

1.4.1 Dokumenttypen

Um beurteilen zu können, was wo zu finden ist, ist die Unterscheidung der Typen wissenschaftlicher Literatur wichtig:
- **Monographie:** (Verfasserwerk) Werk eines oder mehrerer Autoren
- **Sammelwerk:** Sammlung von Beiträgen mehrerer Autoren, von einem oder mehreren Herausgebern
- **Aufsatz aus einem Sammelwerk**
- **Wissenschaftliche Zeitschrift:** in bestimmten Abständen immer wieder unter dem gleichen Titel erscheinendes Werk, das in der Regel mehrere Aufsätze enthält
- **Aufsatz aus einer wissenschaftlichen Zeitschrift**

1.4.2 Suchkriterien/Register

Index

Ein Tipp zur Zeitersparnis gilt für wirklich jede Suche in Datenbanken: **Schauen Sie, bevor Sie mit der eigentlichen Suche beginnen, welche Suchkriterien angeboten werden.** Überlegen Sie welche Kategorien für Ihre Suche sinnvoll sind. Wenn Sie z. B. nach der Zeitschrift „Geschichte und Gesellschaft" suchen, ist es sinnvoll, die Suchkategorie „Titelstichworte Zeitschrift" zu nutzen, wenn sie vorhanden ist. Geben Sie die Titelstichworte „Geschichte" und „Gesellschaft" in eine allgemeine Suchkategorie ein, werden zu viele Ergebnistreffer angezeigt, da beide Suchbegriffe in sehr vielen Buchtiteln zu finden sind. Auch Register, mit deren Hilfe Sie schnell die passenden Suchbegriffe finden, können viel Zeit sparen.

1.4.3 Boolesche Operatoren

Boolesche Operatoren (engl. **Boolean operators**), benannt nach George Boole stammen aus der Booleschen Algebra und repräsentieren logische Verknüpfungen.

Mithilfe der Boole'schen Operatoren können **Suchbegriffe logisch miteinander verknüpft** werden. In fast jeder Datenbank stehen die Booleschen Operatoren AND (UND), OR (ODER) und NOT (NICHT) zur Verfügung. Verknüpfen Sie in einer Suche zwei Suchbegriffe mit AND, erhalten Sie Treffer, in denen immer beide der gesuchten Begriffe enthalten sind oder andersherum gesagt, alle Treffer, in denen nur einer der gesuchten Begriffe vorkommt, sind ausgeschlossen. Bei einer Suche mit OR vergrößert sich die Treffermenge, da die Ergebnisse lediglich einen der beiden Suchbegriffe enthalten müssen. Mit NOT schränken Sie die Treffermenge ein, indem Sie Begriffe ausschließen. Anhand eines Beispiels lässt sich dieses Prinzip gut verdeutlichen:

Aufklärung ODER Verfassung   Aufklärung UND Verfassung   Aufklärung NICHT Verfassung

1.4.4 Trunkierung

Trunkierung bedeutet „abkürzen" (engl. truncation, Verkürzung). Mithilfe eines Trunkierungszeichens kürzen Sie ein Wort zu Beginn oder an seinem Ende ab, um grammatische oder andere Varianten des Suchwortes in die Suche einzubeziehen. Als Trunkierungszeichen werden meist (leider nicht immer einheitlich ☺) folgende Zeichen verwendet:

*   steht für beliebig viele zu ersetzende Zeichen
?   steht für ein zu ersetzendes Zeichen

Beispiele:
Mit der Suche nach „*Revolutions*"* werden *Revolutionskrieg, Revolutionsordnung, Revolutionsführer*, ... gefunden.
Mit eine Recherche nach „*herrschaft"* werden Sie *Vorherrschaft, Schreckensherrschaft, Königsherrschaft*, ... finden.

1.4.5 Maskierung

Oftmals haben Sie bei einer Recherche die Möglichkeit, auch in der Mitte eines Wortes einen oder mehrere Buchstaben mit einem soge-nannten Maskierungszeichen (oft #) zu ersetzen, um orthografische Varianten des Begriffes mitzusuchen.

Beispiel: Eine Suche nach „*Ru#land*" findet *Rußland und Russland*.

1.5 Was sind Datenbanken?

Um aus einer Ansammlung von zusammenhanglosen Daten sinnvolle Informationen zu erhalten, müssen diese Daten gefunden werden, der Finder muss sie zur Kenntnis nehmen, bewerten, in sinnvolle Zusammenhänge bringen und weiterverwerten. Datenbanken unterstützen diese Funktionen durch die **Verwaltung größerer Mengen von Daten**, die eine möglichst vielfältige, aber widerspruchsfreie Strukturierung und Kombination der Daten zulässt.

Eine Datenbank besteht aus einem Datenbankmanagementsystem, der Software zur Verwaltung der Daten, und den eigentlichen Daten. Technisch gesehen werden Datenbanken nach ihren Datenbankmodellen unterschieden. Das am häufigsten genutzte ist das relationale Datenbankmodell, in dem die Daten wie in einer Tabelle in verschiedene Felder unterteilt werden. In einem elektronischen Bibliothekskatalog sind solche Felder z. B. der Autorenname, der Verlag, die Schlagworte etc.

Zur Verwaltung in Datenbanken eignen sich sehr viele Arten von Informationen. Für Historiker können bibliographische Informationen zu Monographien oder Zeitschriften, Biographien, Quellensammlungen, Bilder oder weitere Materialien in Datenbanken relevant werden. Einige Datenbanken werden in den folgenden Kapiteln eingeführt. Weil fast alle diese Datenbanken relational aufgebaut sind, gibt es Suchtechniken, die in vielen Datenbanken angewendet werden können (s. Kapitel Suchtechniken ab S. 12). Die erste Schwierigkeit bei der Suche in fachlich wichtigen Datenbanken ist meist, die Datenbank mit den richtigen Informationen zu finden. Hierbei kann das im folgenden Kapitel vorgestellte **Datenbankinformationssystem** (kurz: **DBIS**) von großem Nutzen sein.

1.6 Das Datenbankinformationssystem DBIS

Das Datenbankinformationssystem DBIS ist ein Service vieler Biblio- **DBIS**
theken in Deutschland und dem europäischen Ausland.

DBIS gibt einen Überblick darüber, welche wissenschaftlichen Datenbanken für Ihr
Fachgebiet an Ihrem Bibliotheksstandort oder an anderen Orten nutzbar sind.

Initiiert wurde dieser kooperative Service von der Universitätsbibliothek Regensburg, inzwischen nehmen über 250 Bibliotheken daran
teil und verzeichnen die bei ihnen verfügbaren Datenbanken in DBIS.
Die insgesamt über 9300 Datenbanken werden dem Suchenden nach
Fächern sortiert angeboten, darüber hinaus kann in der erweiterten
Suche auch nach zahlreichen anderen Kriterien wie z. B. Stichwörtern
oder geographischen Bezügen gesucht werden. Verzeichnet sind nur
wirkliche Datenbanken, keine Linklisten, keine elektronischen Zeitschriften und keine E-Books.

Datenbank-Infosystem (DBIS)
Gesamtbestand in DBIS

Suche nach Datenbanken	Fachübersicht	
Schnelle Suche	**Fachgebiete**	**Anzahl**
[____] Go!	Allgemein / Fächübergreifend	2079
Erweiterte Suche	Allgemeine und vergleichende Sprach- und Literaturwissenschaft	387
Fachübersicht	Anglistik, Amerikanistik	481
Alphabetische Liste	Archäologie	176
Bibliotheksauswahl /	Architektur, Bauingenieur- und Vermessungswesen	322
Einstellungen	Biologie	637
Über DBIS	Chemie	373
	Elektrotechnik, Mess- und Regelungstechnik	134
Gefördert durch	Energie, Umweltschutz, Kerntechnik	242
	Ethnologie (Volks- und Völkerkunde)	168
	Geographie	364
DFG	Geowissenschaften	195
	Germanistik, Niederländische Philologie, Skandinavistik	547
Impressum	Geschichte	1105
	Informatik	169
	Informations-, Buch- und Bibliothekswesen, Handschriftenkunde	275
	Klassische Philologie	215
	Kunstgeschichte	497
	Land- und Forstwirtschaft, Gartenbau, Fischereiwirtschaft, Hauswirtschaft, Ernährung	257
	Maschinenwesen, Werkstoffwissenschaften, Fertigungstechnik, Bergbau und Hüttenwesen, Verkehrstechnik, Feinwerktechnik	278
	Mathematik	109
	Medien- und Kommunikationswissenschaften, Publizistik, Film- und Theaterwissenschaft	313
	Medizin	662
	Musikwissenschaft	274
	Naturwissenschaft allgemein	191
	Pädagogik	229
	Pharmazie	189
	Philosophie	291

Abb. 9: DBIS Fachauswahl

Ist ein Fachgebiet ausgewählt, erhalten Sie eine Übersicht darüber, welche Datenbanken nutzbar sind. Weil es sehr viele wissenschaftliche Datenbanken gibt, für die (meist von Bibliotheken) Lizenzgebühren bezahlt werden müssen oder die in verschiedenen Ausgaben vorliegen, können Sie mit Hilfe des Buttons „Bibliotheksauswahl/Einstellungen" Ihre örtliche Bibliothek auswählen und erhalten damit das Angebot der jeweiligen Bibliothek für Ihr Fach.

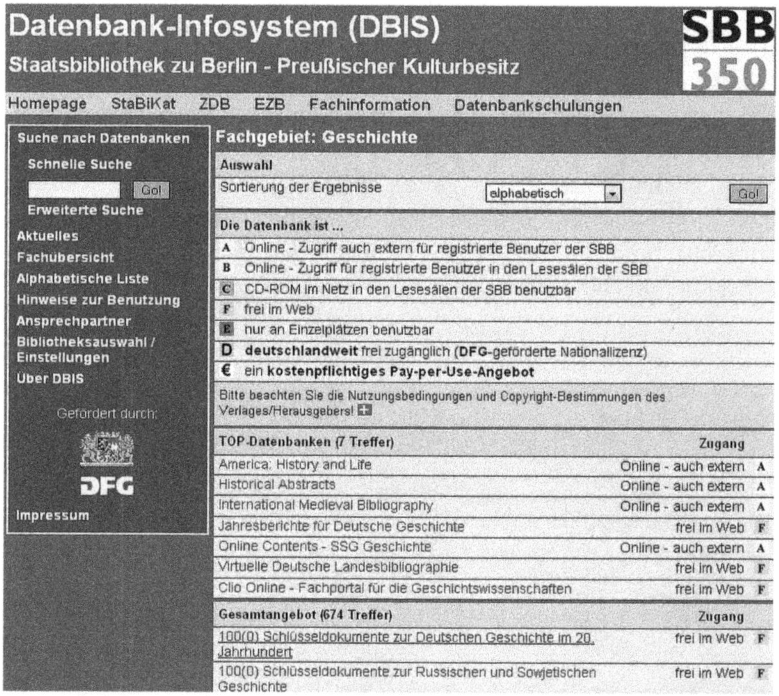

Abb. 10: Datenbankauswahl für das Fach Geschichte in der Staatsbibliothek zu Berlin

Anhand farbiger Kennzeichnung der Datenbanken in DBIS kann schnell unterschieden werden, welche Datenbank auf welche Weise genutzt werden kann. Zu Beginn der Datenbankauswahl des jeweiligen Faches sind von einem Bibliotheksmitarbeiter häufig sogenannte „Top-Datenbanken" aufgeführt, eine Auswahl der wichtigsten Angebote des Faches oder eines besonders gepflegten Fachausschnittes. Nach der Auswahl einer Datenbank erscheint zunächst eine Informationsseite zum jeweiligen Angebot. Von dieser Seite aus kann die Datenbank gestartet und genutzt werden.

Einige der an vielen Bibliotheken als TOP-Datenbanken zur Geschichte definierten Datenbanken werden in den folgenden Kapiteln und im zweiten Teil des Buches vorgestellt. Die Liste der Datenbanken, die zum Fach Geschichte gehören, ist jedoch meist sehr lang und enthält viele Ressourcen, die lediglich Fachausschnitte behandeln oder als fachübergreifend gelten können (z. B. die China Bibliography).

1.7 Wichtige Fachdatenbanken

Fachdatenbanken sind elektronische Materialsammlungen, die sich inhaltlich auf ein spezielles Fach beschränken. Sie sparen viel Zeit, wenn Sie gezielt suchen und vor der Suche klären, welche Art von Informationen die Datenbank enthält. In einer bibliographischen Datenbank zur deutschen Geschichte sind kaum Texte zum amerikanischen Bürgerkrieg zu erwarten, in einer Datenbank, die sich auf Materialien zum Mittelalter beschränkt, sind keinerlei Informationen zum Nationalsozialismus enthalten – um nur zwei sehr offensichtliche Beispiele zu nennen.

Die Art der Information, die Sie in Datenbanken finden, ist sehr unterschiedlich: Eine **bibliographische Datenbank** enthält bibliographische Angaben zu Literatur, d. h. Titel, Autor, Verlag, manchmal auch kurze Zusammenfassungen (Abstracts)..., in einer **Volltextdatenbank** finden Sie auch die Texte selbst. Auch **inhaltliche oder zeitliche Schwerpunkte** der Datenbank sind zu beachten.

1.7.1 Bibliographische Datenbanken zur deutschen Geschichte

Bei der Suche nach historischen Materialien stoßen Sie immer wieder auf die Tatsache, dass es für viele Fragen nicht eine zentrale Anlaufstelle gibt, sondern mindestens zwei Ressourcen, die sich oft nur leicht unterscheiden, aber beide durchsucht werden sollten, um größtmögliche Vollständigkeit zu erreichen. Dem Vorteil größerer Vielfalt steht der Nachteil der aufwändigeren Suche gegenüber. Bei der Suche nach Literatur zur deutschen Geschichte sind sowohl die **Jahresberichte für deutsche Geschichte** als auch die **Historische Bibliographie** zu empfehlen. Ein gerade begonnenes Projekt zur kooperativen Weiterentwicklung dieser beiden Bibliographien hat jedoch das Ziel, EINE Suche über die Bestände beider Bibliographien zu ermöglichen.

1.7.1.1 Jahresberichte für deutsche Geschichte

In den **Jahresberichten für deutsche Geschichte** finden Sie deutsche und ausländische Literatur zur deutschen Geschichte.

Diese Bibliographie wird von der Berlin-Brandenburgischen Akademie der Wissenschaften in Berlin mit der Absicht, die Forschungsergebnisse zu allen Themenbereichen der deutschen Geschichte festzuhalten, erstellt. Sie enthält nicht nur Informationen über Monographien, sondern auch Aufsatztitel aus Zeitschriften und Sammelbänden, Bibliographien, Quelleneditionen, Nachschlagewerke und in Auswahl sogenannte graue Literatur, d.h. Veröffentlichungen, die nicht in einem Verlag erschienen sind. Auch Titel aus wissenschaftlichen Nachbardisziplinen sind in der Bibliographie enthalten, sofern sie einen historischen Bezug aufweisen. Lokal- oder regionalgeschichtliche Veröffentlichungen sind jedoch nur in strenger Auswahl zu finden – hier lohnt sich ein Blick in die jeweilige Landesbibliographie (s. S. 40) mehr.

Die Online Ausgabe der Jahresberichte enthält Literaturnachweise ab 1974, bei der Suche nach älterer Literatur zur deutschen Geschichte, kann die Druckausgabe der Jahresberichte genutzt werden, die mit Unterbrechungen bis ins Jahr 1880 zurückreicht.

Abb. 11: Suchoberfläche der Jahresberichte für deutsche Geschichte

Bei der Nutzung der Online-Ausgabe kann man zwischen einer einfachen und einer erweiterten Suche wählen. Die erweiterte Suchoberfläche der Jahresberichte für deutsche Geschichte bietet sehr genaue Suchmöglichkeiten. Empfehlenswert ist die Nutzung der Register, die in der Mitte der Suchmaske mit einem Klick aufgerufen werden können. Die Nutzung der Filter im unteren Teil der Suchoberfläche ist sinnvoll, um unpassende Treffer zu vermeiden. Beim Ansteuern einzelner Teile der Suchmaske sind rechts unten im Bildschirm (unter der Sprachauswahl für die Website) Tipps oder Hinweise zu den einzelnen Kategorien zu lesen. Aufgrund der sehr guten sachlichen Erschließung der enthaltenen Literatur bieten die Jahresberichte für deutsche Geschichte gerade für thematische Suchen außergewöhnlich gute Recherchemöglichkeiten.

Die Suchergebnisse können auf unterschiedliche Art weiterverwendet werden. Sowohl der Export in Literaturverwaltungsprogramme als auch die Übertragung der Daten zu Bibsonomy, einem Verwaltungssystem für Bookmarks, oder die Produktion einer Druckversion sind möglich.

1.7.1.2 Historische Bibliographie

In der **Historischen Bibliographie** finden Sie geschichtswissenschaftliche Literatur, die in der Bundesrepublik Deutschland erschienen ist – d.h. nicht nur zur deutschen, sondern auch zur europäischen oder außereuropäischen Geschichte.

Historische Bibliographie

Obwohl die Historische Bibliographie auch Literatur zur Geschichte anderer Länder enthält, liegt ein Schwerpunkt auf der Literatur zur deutschen Geschichte. Im Ausland erschienene Literatur wird in Ausnahmefällen zu bestimmten Forschungsschwerpunkten mit aufgenommen. Die Historische Bibliographie wird von der Arbeitsgemeinschaft historischer Forschungseinrichtungen in der Bundesrepublik Deutschland (AHF) erstellt. Sie weist, zurückreichend bis zum Erscheinungsjahr 1990, Monographien und Aufsätze aus Zeitschriften und Sammelbänden nach und erscheint parallel als Druckausgabe. Bisher unveröffentlichte (also sehr aktuelle) Forschungsergebnisse werden in der Ergänzung der Historischen Bibliographie, dem Jahrbuch der historischen Forschung, nachgewiesen.

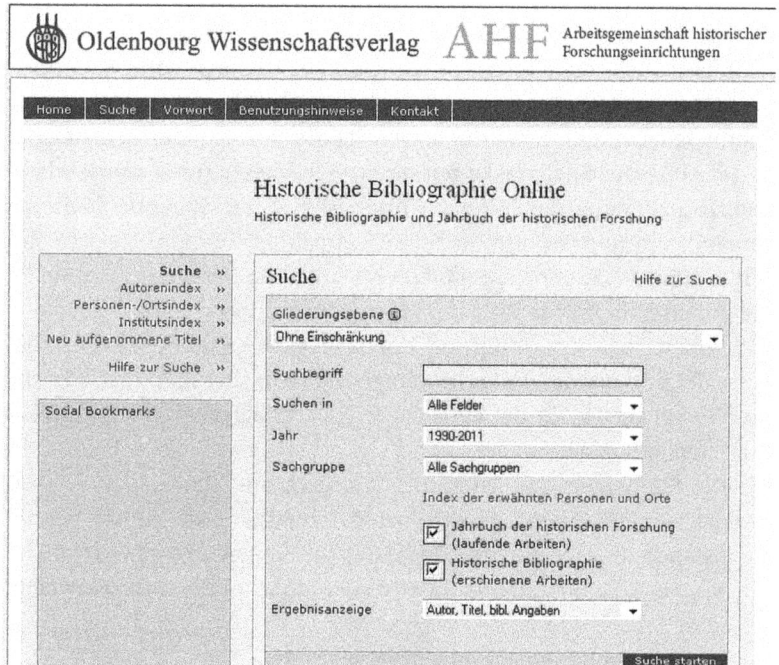

Abb. 12: Suchmaske der Historischen Bibliographie Online

Die Suchmaske der Historischen Bibliographie Online, die eine Suche in den Jahrbüchern der historischen Forschung einbezieht, ist übersichtlich, bietet aber viele Suchoptionen. Sie haben die Möglichkeit, in einer Suchzeile sehr unspezifisch zu suchen, um möglichst viele Suchergebnisse zu erhalten. Sie können aber auch schnell wichtige Voreinstellungen vornehmen und festlegen, in welchen Kategorien gesucht werden soll. Über die Einstellung der Gliederungsebene ganz oben im Suchbildschirm gelangen Sie zur Systematik der Historischen Bibliographie und können unkompliziert thematisch suchen. Im Menükästchen auf der linken Seite sind diverse Indizes zu finden, die bei der Suche sehr hilfreich eingesetzt werden können. Eine Besonderheit ist der Index der neu aufgenommenen Bücher, der die in den letzten drei Monaten aufgenommenen (evtl. noch nicht einmal erschienenen) Veröffentlichungen nach Autor, Titel oder Aufnahmedatum sortiert auflistet.

Die Suchergebnisse aus der Historischen Bibliographie können auf unterschiedliche Weise als Bookmark festgehalten oder in einer Druckversion ausgedruckt werden. Bei der ausführlichen Anzeige einzelner Suchergebnisse ist deren Stelle in der Sachsystematik der Historischen Bibliographie ausführlich dargestellt, so dass der Treffer leicht in seinen thematischen Kontext einzuordnen ist.

1.7.2 Bibliographische Datenbanken zur Weltgeschichte

Eine einzige zentrale Bibliographie zur Geschichte aller Länder der Welt in allen Epochen der Geschichte müsste kaum vorstellbare Ausmaße haben und deren Zusammenstellung durch eine oder wenige zusammenarbeitende Institutionen ist bisher nicht zu verwirklichen. Daher haben alle in diesem und in den folgenden Kapiteln des Buches vorgestellten Fachdatenbanken Schwerpunkte oder Einschränkungen und für eine Literaturrecherche zur Geschichte größerer Gebietsräume sollten mehrere Bibliographien genutzt werden. Die **International Bibliography of Historical Sciences** umfasst nach ihrem Konzept zwar die gesamte Weltgeschichte in allen Zeiten und Regionen, weist aber nur einen sehr kleinen Teil der insgesamt erscheinenden Literatur nach. Sie wird als gedruckte Bibliographie oder in elektronischer Form angeboten.

Bei der Suche nach Literatur zur Weltgeschichte empfiehlt sich die Nutzung von **Historical Abstracts** oder **America: History and Life,** zwei Datenbanken desselben Anbieters, deren Inhalte sich gegenseitig ergänzen.

1.7.2.1 Historical Abstracts

In den **Historical Abstracts** ist Literatur zur neuzeitlichen Geschichte aller Länder mit Ausnahme der USA und Kanadas verzeichnet.

Historical Abstracts

Die Suche in den Historical Abstracts lohnt sich sehr bei der Arbeit zu überregionalen Themen (z. B. zum Absolutismus oder Imperialismus). Die Bibliographie wurde als gedruckte Bibliographie 1954 von der American Bibliographic Company begonnen, wird jedoch heute von der Firma EBSCO als Online Datenbank vertrieben und weitergeführt.

In den Historical Abstracts finden sich Monographien, Dissertationen und Aufsätze zur Weltgeschichte der Zeit von 1450 bis heute. Es werden nicht nur Titeldaten, sondern auch von Fachwissenschaftlern erstellte Kurzzusammenfassungen (Abstracts) gesammelt. Die Abstracts sind ebenfalls online durchsuchbar. Das erhöht die Zahl der Suchergebnisse und ermöglicht eine bessere Beurteilung der gefundenen Literatur.

Die Suchmöglichkeiten in der Online Datenbank sind umfassend – von einfachen Suchen bis zu sehr komplexen Anfragen unter Einbeziehung gespeicherter Abfragen und diverser Indizes gibt es sehr viele Möglichkeiten der Recherche. Besondere Highlights sind die visuelle Suche (ähnlich einer Facettierung), bei der Sie thematische Suchen schrittweise eingrenzen und miteinander in Beziehung setzen können und die CLIO-Notes, die mithilfe einer Systematik kurze Erklärungen zu historischen Ereignissen oder Epochen bieten und den Erklärungen die wichtigen Suchbegriffe zum jeweiligen Thema beigeben. Suchanfragen können gespeichert und in regelmäßigen Abständen automatisch wiederholt werden. Die Ergebnisse dieser automatischen Suchen werden Ihnen per Mail zugeschickt.

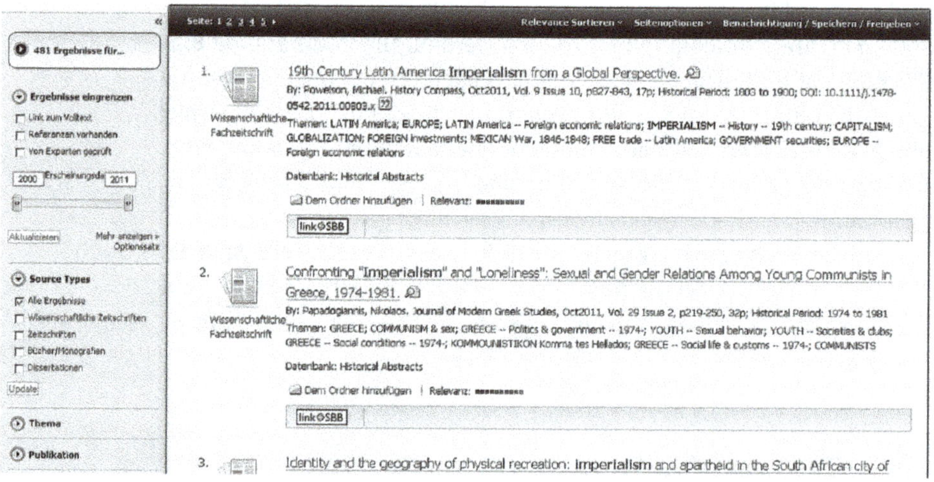

Abb. 13: Historical Abstracts: Ergebnisliste mit Möglichkeit zur Einschränkung auf der linken Menüleiste

Gerade für die professionelle Nutzung dieser Datenbank sowie der identisch zu benutzenden Bibliographie **„America: History and Life"** ist der Besuch einer Schulung, wie sie von größeren Universitätsbibliotheken mit geisteswissenschaftlichem Schwerpunkt häufig angeboten wird, empfehlenswert.

Tipp

Wichtig ist die Nutzung englischer Suchbegriffe – auch mit deutschen Suchbegriffen werden Treffer erzielt, allerdings nur ein Bruchteil der in Historical Abstracts enthaltenen zutreffenden Ergebnisse.

Ein weiterer Vorteil der Historical Abstracts ist die Einbeziehung von Volltexten aus einigen ausgewerteten Zeitschriften in die Datenbank sowie die Möglichkeit von den gefundenen bibliographischen Datensätzen aus die Verfügbarkeit des entsprechenden Textes in der lokalen Bibliothek zu prüfen, sofern die Bibliothek die technischen Möglichkeiten einer solchen Verbindung bereitstellt.

1.7.2.2 America: History and Life

In der Datenbank **America: History and Life** (AHL) sind Dokumente zur Geschichte der USA und Kanadas von der Vor- und Frühgeschichte bis in die heutige Zeit verzeichnet.

Diese Datenbank eignet sich vor allem für die Suche nach Literatur zu Fragen der US-amerikanischen oder kanadischen Geschichte. Zusammen mit den Historical Abstracts deckt sie einen großen Teil der Weltgeschichte ab – zu beachten bleiben hierbei jedoch vor allem die zeitlichen Einschränkungen der Historical Abstracts.

Da die Datenbank von dem gleichen Anbieter vertrieben wird, sind die Recherchemöglichkeiten mit denen der Historical Abstracts identisch. Bietet Ihre Bibliothek beide Datenbanken zur Recherche an, haben Sie die Möglichkeit mit einer integrierten Suche sowohl die Historical Abstracts als auch America: History and Life zu durchsuchen.

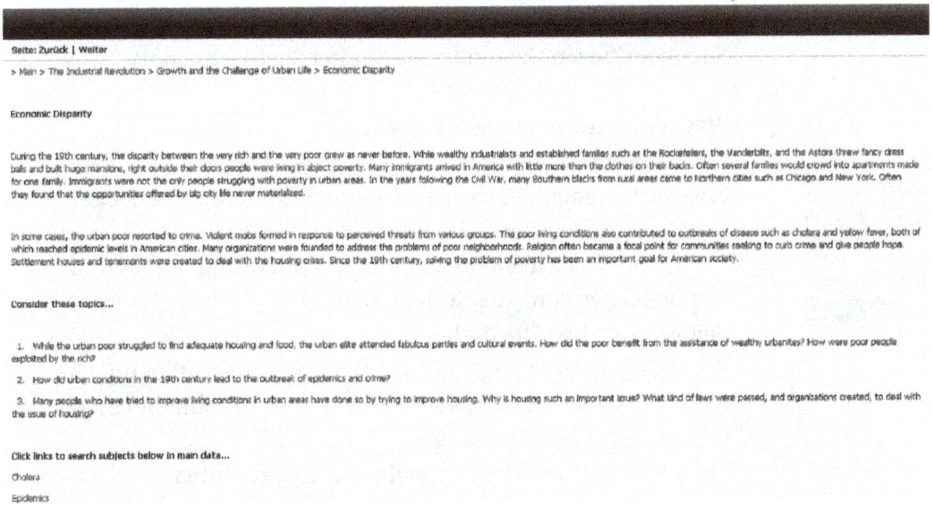

Abb. 14: CLIO-Notes innerhalb von America History and Life

1.8 Tipps für den absoluten Notfall

Was tun, wenn Sie nichts finden?

- Nerven behalten und ruhig bleiben! In den Geschichtswissenschaften gibt es nur wenige Themen, über die noch gar nichts geschrieben wurde – wenn Sie ein solches finden, haben Sie gleich ein gutes Thema für Ihre Masterarbeit oder Promotion.
- Fragen Sie Fachreferenten oder Informationsbibliothekare Ihrer Bibliothek nach weiteren Suchmöglichkeiten.
- Überprüfen Sie, wo eine Suche sinnvoll ist: Wundern Sie sich nicht, wenn Sie in der Datenbank zum Nationalsozialismus keine mittelalterlichen Quellen finden.
- Suchstrategie überprüfen: Gibt es Indizes, Verzeichnisse oder Register, die Sie nutzen können, um einen Überblick zu gewinnen?
- Allgemeineren Suchbegriff verwenden
- Synonyme oder verwandte Begriffe (Ober- und Unterbegriffe) für die Suche benutzen
- Suchbegriffe trunkieren (siehe Kapitel Suchtechniken)

Was tun, wenn Sie zu viel finden?

- Suchergebnisse weiter einschränken (mit Facetten oder der erweiterten Suchmaske – siehe Kapitel Bibliothekskataloge)
- Suchkategorie spezieller wählen
- Sachliche Suche anstelle der Stichwortsuche nutzen (Benutzung von Schlagworten oder Systematiken)
- Feinere Suchbegriffe finden
- Prioritäten setzen: zunächst auf aktuelle Veröffentlichungen, Beiträge in renommierten Zeitschriften oder bestimmte thematische Aspekte konzentrieren
- Thema eingrenzen bzw. spezielleren Aspekt finden

Was tun, wenn die Zeit zur Literatursuche zu knapp wird

- Kapitel „Wege zum Volltext" lesen und hoffen, dass die wichtigsten Texte zum Thema bereits als digitaler Volltext vorliegen
- Von aktuellen Einführungen oder Handbüchern ausgehend versuchen, eine Auswahl der wichtigsten Bücher und Aufsätze zu ermitteln

2 Advanced

2.1 Geschichtswissenschaften in Bibliotheken

Bibliotheken sind für die meisten Geisteswissenschaftler die „erste Adresse" bei der Suche nach Informationen – und das mit Recht – so sieht es zumindest die Bibliothekarin. **Bibliotheken sammeln, erschließen und bewahren die veröffentlichten Informationen**, die Historiker benötigen, sowohl die Sekundärliteratur als auch die Quelleneditionen, sowohl handschriftliche und gedruckte als auch elektronische Informationen, manchmal auch audiovisuelle Medien oder Mikroformen (Mikrofiches oder Mikrofilme). Die Erschließung der Medien erfolgt in Bibliothekskatalogen (s. S. 4 ff.).

    Zusätzlich zu den Katalogen bieten viele Bibliotheken ihren Nutzern auf den Bibliothekshomepages sogenannte „Fachinformationsseiten", d. h. Internetseiten, auf denen jeder Benutzer einen Überblick über die wichtigsten Informationen zum seinem Fach an der jeweiligen Universität erhalten kann.

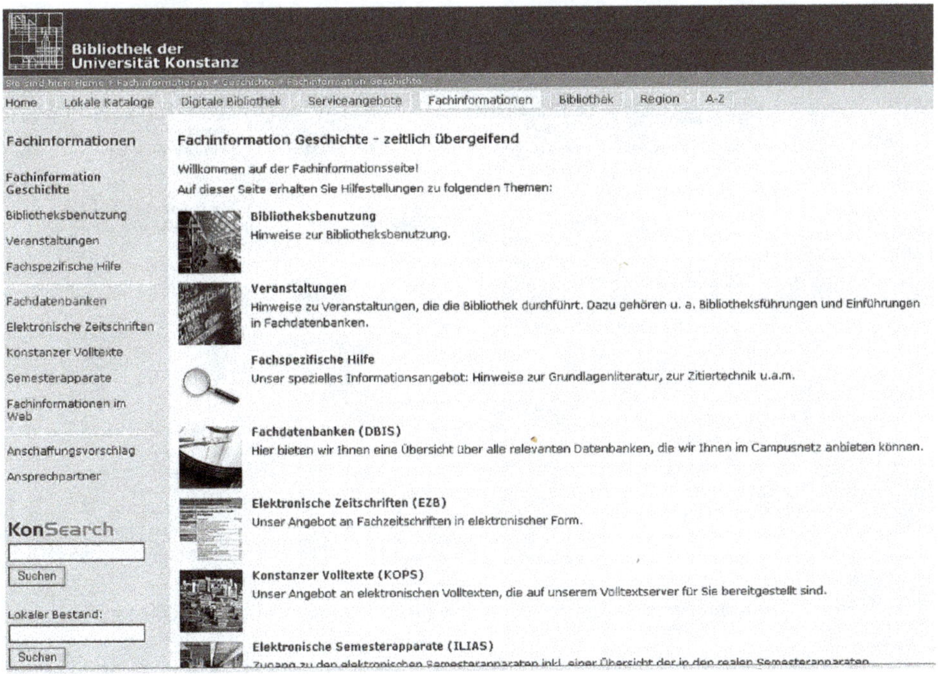

Bibliotheken

Abb. 15: Fachinformationsseite der UB Konstanz

Lotse

Auf den Homepages einiger Bibliotheken können auch Online-Einführungen in die Recherche und wissenschaftliche Arbeitsweise im Fach Geschichte genutzt werden. Sehr empfehlenswert ist hier u. a. das Angebot **Lotse Geschichte** (**L**ibrary **O**nline **T**our **S**elf Paced **E**ducation Geschichte) der Universitäts- und Landesbibliothek Münster und einiger Kooperationspartner. Nach der Auswahl des Faches Geschichte kann man eine von bisher sieben Bibliotheken auswählen, deren Bestände und Möglichkeiten im Falle der Auswahl in den einzelnen Modulen im Vordergrund stehen. Die Materialien, die bei Lotse mittels einführender Texte, Links, Videos und E-Tutorials angeboten werden, enthalten eine Mischung aus ortsunabhängigen und orts- bzw. bibliotheksabhängigen Informationen zur Literatursuche und Arbeitsweise im Fach Geschichte. Sie sind in fünf Hauptkategorien unterteilt, über die man zu den Inhalten von Lotse gelangen kann.

- Literatur recherchieren und bestellen
- Adressen und Kontakte finden
- Auf dem Laufenden bleiben
- Fakten suchen und nachschlagen
- Arbeiten schreiben und veröffentlichen

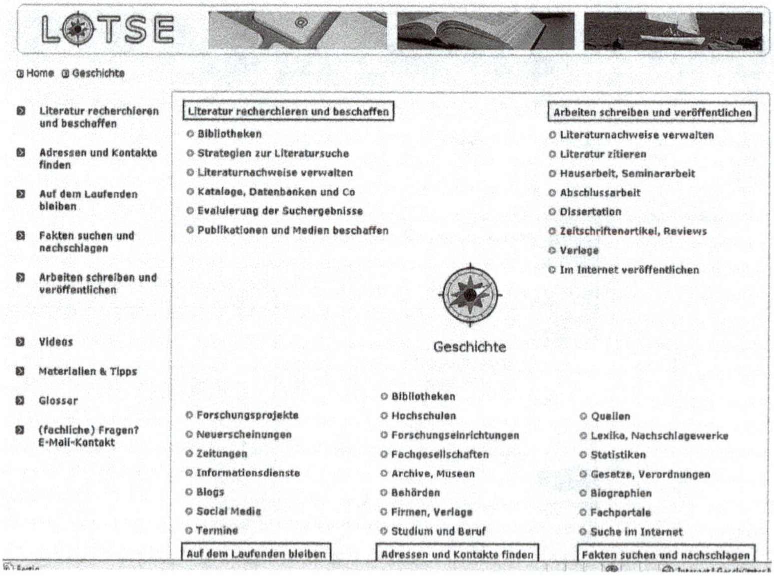

Abb. 16: Lotse Geschichte der Universitäts- und Landesbibliothek Münster

2.1.1 Bibliothekstypen

Bibliothek ist nicht gleich Bibliothek. Es gibt sehr unterschiedliche Bibliothekstypen und es ist nützlich zu wissen, in welcher Bibliothek welche Literatur zu erwarten ist.

Die erste Anlaufstelle bei der Suche nach wissenschaftlicher Literatur ist meist die **Universitätsbibliothek** oder die zur Universitätsbibliothek gehörige Seminarbibliothek. Diese Bibliotheken decken den Literatur- und Informationsbedarf der jeweiligen Hochschulangehörigen. An Universitätsbibliotheken mit vielen Studierenden der Geschichte sind umfangreiche geschichtswissenschaftliche Bestände vorhanden, ist der Fachbereich Geschichte eher klein, steht unter Umständen speziellere Literatur nicht zur Verfügung. In Universitätsbibliotheken werden auch Lehrbücher zur Verfügung gestellt – oft in größerer Anzahl, damit viele Studierende eines Semesters davon profitieren können.

Beschäftigen Sie sich mit historischen Fragen einer Region des deutschen Sprachraums ist die Suche nach der entsprechenden Literatur in der jeweiligen **Regional- oder Landesbibliothek** sinnvoll, die die Medien zur jeweiligen Region intensiv sammelt und verzeichnet (s. S. 40 Regionalbibliographien). Oftmals sind die Landesbibliotheken gleichzeitig Universitätsbibliotheken (z. B. die Universitäts- und Landesbibliothek Darmstadt), einige der Regionalbibliotheken sind jedoch eigenständige Institutionen, so z. B. die Badische Landesbibliothek in Karlsruhe.

Seit 1912 gibt es in Deutschland eine **Nationalbibliothek,** die alle seit 1913 im Staat erschienenen und noch erscheinenden Publikationen sammelt, archiviert und in der Deutschen Nationalbibliographie erschließt. Wegen ihrer im Vergleich zu unseren Nachbarstaaten sehr späten Gründung nimmt die Deutsche Nationalbibliothek nicht alle Sammelaufgaben in dem Maße wahr wie die Nationalbibliotheken des übrigen Europas. Daher gibt es in Deutschland zwei wichtige Zusammenschlüsse von Bibliotheken, die nationale Sammelaufgaben übernommen haben:

2.1.2 Nationale Kooperationen

Die Deutsche Forschungsgemeinschaft (DFG) initiierte 1949 einen sogenannten „Sondersammelgebietsplan", in dem festgelegt wurde, welche Bibliothek welche Fachgebiete besonders intensiv sammeln sollte, um die Versorgung der deutschen Forschung mit den wichtigen wissenschaftlichen Publikationen des Auslandes sicherzustellen. Die

Bayerische Staatsbibliothek in München betreut mehrere **Sonder-sammelgebiete (SSGs)**, die zahlreiche Aspekte der Geschichtswissenschaften umfassen, u.a.: Allgemeine Geschichte, Alte Geschichte, Mittelalterliche Geschichte, Neuere Geschichte, Zeitgeschichte, Weltgeschichte, Europäische Geschichte, Geschichte Deutschlands und zahlreicher Nachbarstaaten ... Daneben sind aber auch andere SSG-Bibliotheken für Historiker wichtig, sofern sie sich intensiv mit der Geschichte bestimmter Regionen auseinandersetzen. Die Staats- und Universitätsbibliothek Hamburg betreut z.B. die SSGs Spanien und Portugal. Einen Überblick über die Sondersammelgebietsverteilung erhalten Sie auf der **Webis-Website,** einem Informationssystem zur Literaturversorgung in Deutschland, das von der Staats- und Universitätsbibliothek Hamburg angeboten wird.

Um die Sammlung, Erschließung, Erhaltung und heute auch Digitalisierung der deutschen Drucke vor 1913 zu sichern, gründete man 1989 die **Sammlung Deutscher Drucke (SDD),** einen Zusammenschluss von sechs Bibliotheken, von denen jede die Betreuung eines bestimmten Zeitabschnittes übernahm:

- 1450 – 1600 Bayerische Staatsbibliothek
- 1601 – 1700 Herzog August Bibliothek Wolfenbüttel
- 1701 – 1800 Niedersächsische Staats- und Universitätsbibliothek Göttingen
- 1801 – 1870 Universitätsbibliothek Johann Christian Senckenberg Frankfurt am Main
- 1871 – 1912 Staatsbibliothek zu Berlin – Preußischer Kulturbesitz
- 1913 ff. Deutsche Nationalbibliothek in Frankfurt/Main und Leipzig

Drucke dieser Jahrhunderte sind in der zuständigen SDD-Bibliothek für das entsprechende Jahrhundert am ehesten zu finden – zusammen mit zugehöriger Sekundärliteratur und bibliothekarischen Spezialisten, die im Umgang mit alten Drucken behilflich sein können.

2.2 Zeitschriften

Um aktuelle wissenschaftliche Arbeit leisten zu können, ist das Einbeziehen von Zeitschriftenaufsätzen auch in den Geschichtswissenschaften unerlässlich. Bei der Suche nach Zeitschriften ist vor allem folgende Unterscheidung zu beachten:

In **Zeitschriftenverzeichnissen** sind **Zeitschriftentitel** (wie z. B. „Zeitschrift für Reformationsgeschichte"), nicht aber die in den Zeitschriften enthaltenen einzelnen Aufsätze verzeichnet, während Sie in **Zeitschrifteninhaltsverzeichnissen** die **Angaben zu den einzelnen Aufsätzen** finden können. Ein **Zeitschriftenarchiv** enthält als Volltextdatenbank zusätzlich die **Aufsatztexte** selbst.

2.2.1 Zeitschriftenverzeichnisse

Die in Deutschland wichtigsten Zeitschriftenverzeichnisse sind aufgrund ihrer Größe die **Zeitschriftendatenbank** und die **Elektronische Zeitschriftenbibliothek**. Beides sind fachlich übergreifende Verzeichnisse, enthalten aber geschichtswissenschaftliche Zeitschriften weitgehend vollständig.

2.2.1.1 Die Zeitschriftendatenbank (ZDB)

Die Zeitschriftendatenbank (ZDB) ist ein riesiger Katalog für Zeitschriftentitel. Über 4000 deutsche und österreichische Bibliotheken bringen ihre Zeitschriftenbestände – gleich ob gedruckt oder elektronisch, in welchem Land erschienen oder zu welchem Fachgebiet gehörend – dort ein. Daher können Sie davon ausgehen, dass nahezu alle in deutschen Bibliotheken vorhandenen Zeitschriften in der ZDB zu finden sind.

Die Tatsache, dass die ZDB als Katalog für Bibliotheken konzipiert ist, merkt man an ihrer Suchoberfläche, die der Suchoberfläche eines elektronischen Bibliothekskataloges sehr ähnelt: Es wird zwischen einer einfachen Suche und der erweiterten Suche mit mehreren Suchfeldern und der Möglichkeit, fachspezifisch zu suchen, unterschieden.

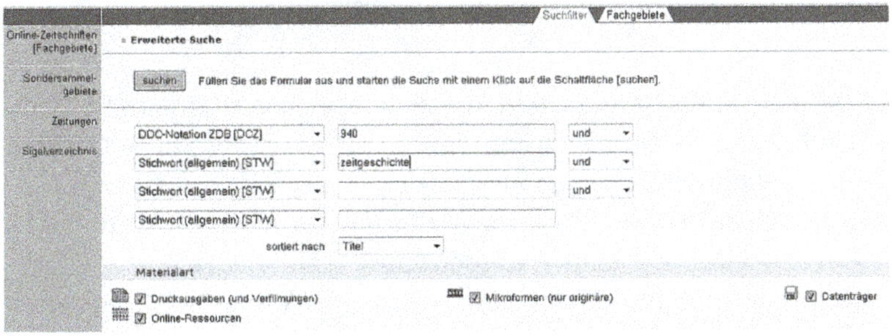

Abb. 17: Erweiterte Suche in der ZDB

Die Ergebnisanzeige enthält neben den bibliographischen Daten der Zeitschrift die Information, in welcher Bibliothek welche Jahrgänge der entsprechenden Zeitschrift zu finden sind – mit einem Link zum Katalog der Bibliotheken, in denen die Zeitschrift bestellt werden kann. Verfügbare Online Publikationen können Sie über den jeweiligen Bibliothekskatalog aufrufen.

2.2.1.2 Die Elektronische Zeitschriftenbibliothek (EZB)

EZB

Die Elektronische Zeitschriftenbibliothek ist ebenfalls eine Datenbank, in der viele deutsche Bibliotheken gemeinsam ihre Daten verzeichnen. Die EZB enthält allerdings **nur Online-Zeitschriften,** deren Texte im Volltext verfügbar sind – frei oder kostenpflichtig. Vor der Suche können Sie einstellen, ob Sie im Gesamtbestand der EZB oder im Bestand Ihrer oder einer anderen teilnehmenden Bibliothek suchen möchten. Der Sucheinstieg erfolgt über eine alphabetische Titelliste, über eine Fachliste oder mit Hilfe einer Eingabemaske. In der Ergebnisliste zeigt ein Ampelsystem die lokale Verfügbarkeit der Zeitschriften an.

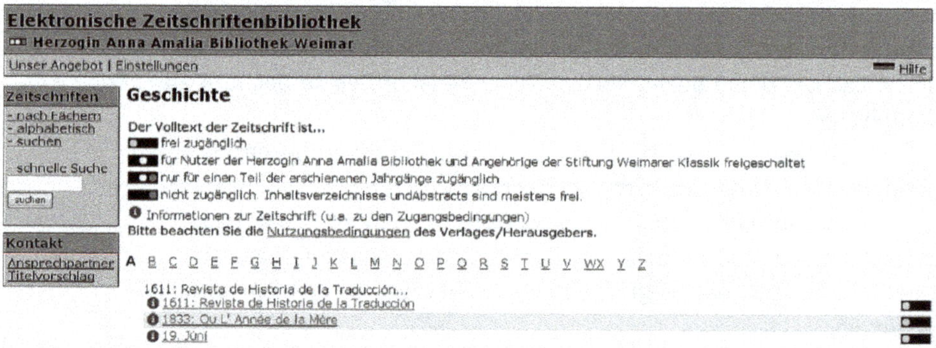

Abb. 18: E-Journal Auswahl der Herzogin Anna Amalia Bibliothek

Zeitschriften mit einem grünen Ampelkennzeichen sind frei verfügbar, mit rot gekennzeichnete stehen dagegen leider nicht zur Verfügung. Gelbe Ampelzeichen zeigen an, dass die Zeitschrift von einer Bibliothek lizensiert wurde und – unter Umständen mit Einschränkungen – von deren Kunden genutzt werden kann. Wählt man einen der angezeigten frei verfügbaren oder von der jeweiligen Bibliothek lizensierten Zeitschriftentitel aus, wird man per Link meist auf ein Jahrgangsverzeichnis der jeweiligen Zeitschrift gelenkt und kann den gewünschten Jahrgang und Aufsatztitel suchen und den Aufsatz aufrufen. Bei den als nicht verfügbar gekennzeichneten Zeitschriften erhält man oft wenigstens ein Jahrgangsverzeichnis und nachfolgend die Inhaltsverzeichnisse der Zeitschrift, manchmal auch Abstracts zu den einzelnen Artikeln.

2.2.2 Zeitschrifteninhaltsverzeichnisse

Zeitschrifteninhaltsverzeichnisse geben nicht nur Auskunft über die Zeitschriftentitel, sondern auch über die darin enthaltenen Aufsatztitel. Es gibt für Historiker zahlreiche nützliche sowohl fachübergreifende als auch fachspezifische Zeitschrifteninhaltsverzeichnisse, an dieser Stelle kann nur eine Auswahl vorgestellt werden:

2.2.2.1 Online Contents Geschichte

Für den Fachausschnitt Geschichte der wesentlich größeren fachübergreifenden Gesamtdatenbank Online Contents werten drei Bibliotheken, die Sammelschwerpunkte im Bereich der Geschichtswissenschaften haben, die wichtigen in ihren Häusern befindlichen Zeitschriften zur Geschichte aus. Insgesamt sind Aufsätze aus über 950 Zeitschriften in den OLC Geschichte verzeichnet – meist zurückreichend bis ins Jahr 1993, in einigen Fällen noch deutlich weiter zurückgehend. Die OLC Geschichte sind für alle wissenschaftlichen Einrichtungen in Europa und den USA frei nutzbar. Die Suchmaske der OLC ist an die Suchmasken vieler elektronischer Bibliothekskataloge angepasst. Die Suche nach Schlagworten ist in den OLC jedoch nicht empfehlenswert, weil die meisten bibliographischen Beschreibungen von Aufsätzen keine Schlagworte enthalten.

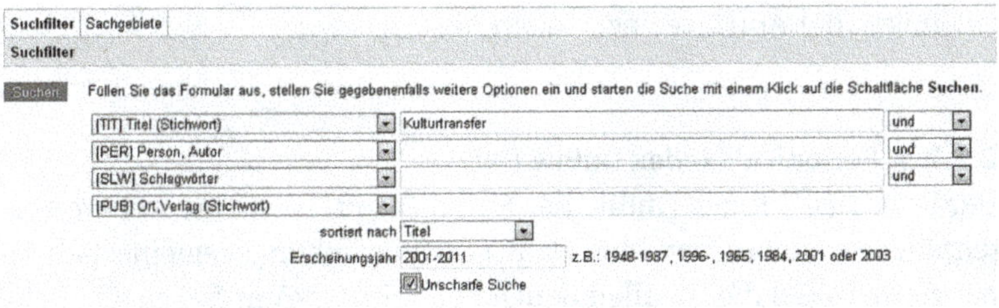

OLC
Geschichte

Abb. 19: Erweiterte Suche der OLC Geschichte

Tipp

Über die erweiterte Suche erreichen Sie eine Sachgebietsliste, über die Sie die Titel der ausgewerteten Zeitschriften Ihres Fachgebietes ansehen können

Die Einbindung in die Verbunddatenbank des Gemeinsamen Bibliotheksverbundes GBV bringt einen erheblichen Mehrwert: Zu jedem Aufsatz werden die besitzenden Bibliotheken angezeigt – eine direkte Online Fernleihbestellung der Artikel ist möglich. Einige Bibliotheken bieten darüber hinaus eine Verfügbarkeitsrecherche (SFX-Button) an, mit der per Mausklick überprüft wird, ob die Zeitschrift in Ihrer Bibliothek auch elektronisch vorhanden ist. Sie können dann mit wenigen Klicks zum Aufsatztext gelangen. Jede Suchanfrage kann auch als RSS-Feed abonniert werden. Für die Zeitgeschichte, die Technikgeschichte sowie die Altertumswissenschaften gibt es separate OLC-Ausschnitte, die die Zeitschriftenaufsatzdaten der jeweiligen Fachausschnitte anbieten.

2.2.2.2 Internationale Bibliographie der geistes- und sozialwissenschaftlichen Zeitschriftenliteratur (IBZ)

IBZ

Die Bibliographie IBZ wurde bereits 1896 als gedruckte Bibliographie begonnen. Die kostenpflichtige Online Ausgabe geht zurück bis ins Jahr 1983 und wird regelmäßig aktualisiert. Verzeichnet werden darin Zeitschriftenaufsätze der Geistes- und Sozialwissenschaften sowie angrenzender Fachgebiete aus 40 Ländern in mehr als 40 Sprachen und aus mehr als 11 500 Zeitschriften. Durch die große Breite des Angebotes eignet sich die IBZ sehr gut zur Suche von Materialen zu fach- oder regionenübergreifenden Fragen.

Die Suche in der Online-Version ist komfortabel und erlaubt auch bibliotheksspezifische Verfügbarkeitsrecherchen. Die Aufsätze werden durch Schlagworte in deutscher und englischer Sprache erschlossen, zu einigen der Aufsätze liegen auch Abstracts vor.

2.2.2.3 Periodicals Index Online (PIO)

PIO

Der Periodicals Index Online der Firma Proquest ist eine weitere kostenpflichtige, aber von der Deutschen Forschungsgemeinschaft finanzierte und daher in allen deutschen Bibliotheken frei zugängliche Aufsatzdatenbank mit großen Titelmengen zu den Geistes- und Sozialwissenschaften. Auch sie eignet sich daher sehr gut zur Recherche bei interdisziplinären Fragestellungen.

2.2.2.4 Directory of Open Access Journals (DOAJ)

Das Directory of Open Access Journals verzeichnet Zeitschriftenauf- DOAJ
sätze aller wissenschaftlichen Fächer, solange die Zeitschriften frei
zugänglich (Open Access) sind, d. h. jeder gefundene Text kann angesehen und heruntergeladen werden. Im Fach Geschichte werden 183
Zeitschriften ausgewertet, hinzu kommen 32 archäologische Zeitschriften. Das Verzeichnis wächst ständig, ist jedoch qualitativ mit den großen Zeitschrifteninhaltsverzeichnissen noch nicht zu vergleichen. Ziel
des DOAJ ist es, die frei zugänglichen wissenschaftlichen Informationen besser sichtbar zu machen, nicht die Aufsatzliteratur eines oder
mehrerer Fächer systematisch zusammenzustellen.

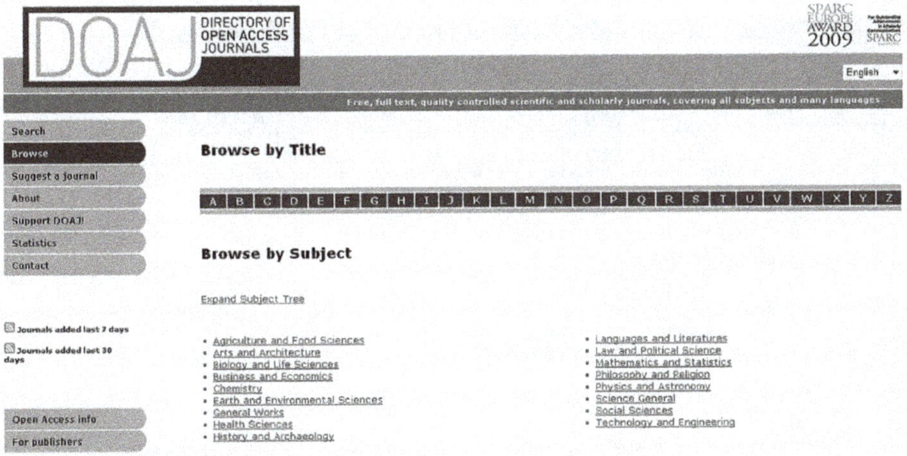

Abb. 20: Fächerliste des DOAJ

Neben den vorgestellten größeren und z. T. interdisziplinären Zeitschrifteninhaltsverzeichnissen, gibt es für Historiker einige deutlich kleinere,
spezialisierte Zeitschrifteninhaltsverzeichnisse, die von Bibliotheken
und wissenschaftlichen Einrichtungen erstellt werden, wie z. B.

- die **Zeitschriftenschau Geschichte** der Bayerischen Staatsbibliothek, in der rund 100 wichtige historische Zeitschriftentitel
  ausgewertet werden,
- **RAMBI – Index to Articles on Jewish Studies,** ein epochenüber-
  greifendes Zeitschrifteninhaltsverzeichnis zur jüdischen Geschichte und der Geschichte des Landes Israel,
- die **Aufsatzdatenbank zur Geschichte der Frühen Neuzeit,** die
  ebenfalls von der Bayerischen Staatsbibliothek und den Mitar-

beitern des von ihr betriebenen Fachportals historicum.net (s. S. 88 ff.) erstellt wird und in der ca. 60 Zeitschriften zur Geschichte der Frühen Neuzeit ausgewertet werden,

– die **Aufsatzdokumentation zum Mittelalter und zur Frühen Neuzeit** der Herzog August Bibliothek Wolfenbüttel, in der sowohl Zeitschriftenaufsätze als auch Aufsätze aus Sammelwerken enthalten sind. Ab 2007 sind die Aufsatzdaten nicht mehr in einer separaten Datenbank, sondern im Katalog der Bibliothek abzurufen – in der erweiterten Suche kann eine Suchanfrage auf Aufsätze eingeschränkt werden, um gezielt neue Aufsätze zu Themen des Mittelalters und der frühen Neuzeit zu finden.

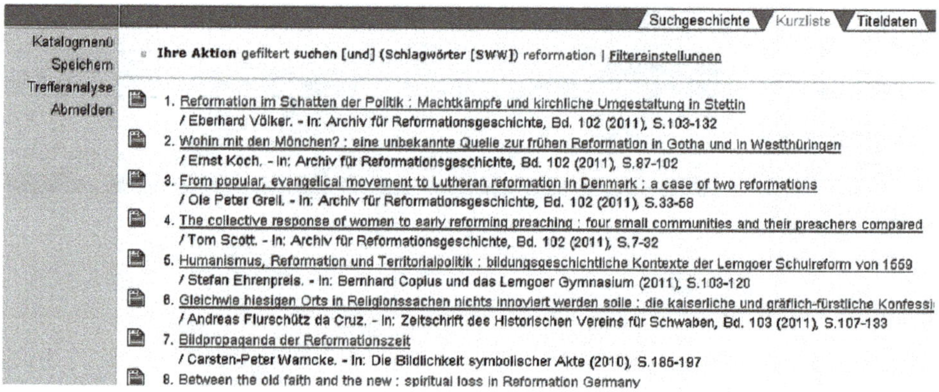

Abb. 21: Ergebnisse der Suche nach Aufsätzen zur Reformation im Katalog der Herzog August Bibliothek Wolfenbüttel

2.2.3 Volltextdatenbanken und Zeitschriftenarchive

Von **Volltextdatenbanken** ist die Rede, wenn eine Datenbank nicht nur die bibliographischen Daten, sondern auch die Texte selbst enthält.

Diese letzte Form der Zeitschriftendatenbanken ist die bei weitem bequemste Art nach Zeitschriftenartikeln zu suchen, weil nach der Suche nicht in einem zweiten Schritt ermittelt werden muss, wo der entsprechende Text zu finden ist.

Volltextdatenbanken, die auch die aktuellen Jahrgänge aller enthaltenen Zeitschriften bieten, werden häufig von Verlagen oder Medienkonzernen betrieben und sind kostenpflichtig, bieten aber auch großen Such- und Verwendungskomfort. Die Kosten übernehmen häufig Bibliotheken, die die Datenbanken lizensieren. Für die Geistes- und Sozialwissenschaften bietet z. B. der Verlag De Gruyter geschichtswissenschaftliche Zeitschriften im Volltext auf seiner Online-Plattform an.

In Zeitschriftenarchiven werden in der Regel die älteren Jahrgänge der ausgewerteten Zeitschriften angeboten, die neuesten Beiträge in den Zeitschriften können auf diese Weise von den Verlagen separat vermarktet werden. Vier für die Geschichtswissenschaften nützliche Zeitschriftenarchive sind **JSTOR, Project MUSE, DigiZeitschriften,** sowie **Periodicals Archive Online.**

2.2.3.1 Journal Storage (JSTOR)

JSTOR ist aus der Not geboren: Weil wissenschaftliche Zeitschriften mit den Jahren – sie erscheinen oft über viele Jahrzehnte – viel Platz brauchen, gründete eine Stiftung in den USA 1995 in Zusammenarbeit mit der Universität Michigan JSTOR. Gedruckte Zeitschriftenbände sollten digitalisiert und in elektronischer Form gespeichert werden, so dass viel weniger Platz benötigt würde und viele Institutionen sich die gespeicherten Daten teilen könnten. Auch die Zugänglichkeit der Zeitschriften sollte auf diese Weise verbessert werden, da diese digitalisiert von jedem beliebigen Ort der Welt aus einsehbar sind. Die bessere Zugänglichkeit der Zeitschriften hat sich heute als der Hauptvorteil erwiesen.

JSTOR

JSTOR ist ein fachübergreifendes Zeitschriftenarchiv. Für das Fach Geschichte sind fast 300 wissenschaftliche Zeitschriften einbezogen.

Da es in den USA aufgebaut und gepflegt wird, liegt der Schwerpunkt der gesammelten Literatur auf englischsprachigen Zeitschriften. In JSTOR können Zeitschriftentexte über verschiedene u. a. nach Sachgebieten sortierte Listen oder eine Sucheingabemaske gefunden werden, hier wird – wie so oft – zwischen einer einfachen und einer Expertensuche unterschieden. Die Suchmöglichkeiten sind genau wie die Möglichkeiten des Exports oder der Weiterverarbeitung der Ergebnisse zahlreich.

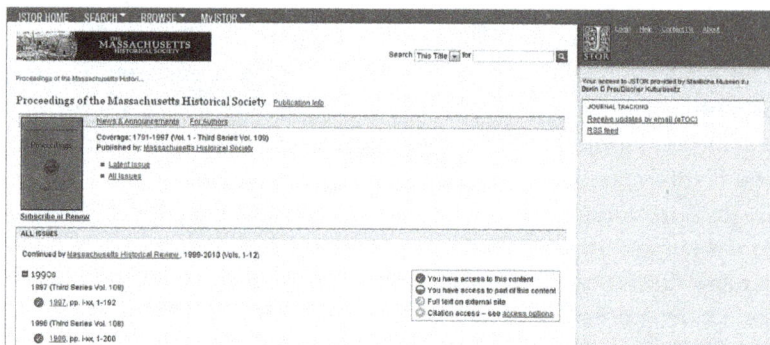

Abb. 22: Trefferanzeige bei JSTOR

Die Besonderheit von JSTOR ist die sogenannte **„Moving Wall"**. Damit die Zeitschriftenverlage ihre aktuellen Texte weiterhin verkaufen können, sich aber an JSTOR beteiligen, werden die Zeitschriftenhefte mit einer Zeitverzögerung zwischen einem und 11 Jahren angeboten. Seit einiger Zeit bietet JSTOR auch aktuelle Zeitschriftenjahrgänge oder Quellenmaterialien zu bestimmten Fragestellungen an. Diese neuen Angebote sind in der Regel für den Nutzer kostenpflichtig. Daher ist bei der Nutzung der Links auf externe Ressourcen Vorsicht geboten – unter Umständen ist der aktuelle Jahrgang einer Zeitschrift, der bei JSTOR gegen Bezahlung angeboten wird, in der Bibliothek vor Ort kostenfrei verfügbar.

2.2.3.2 Project MUSE

MUSE

Auch bei **Project MUSE** handelt es sich um ein fachübergreifendes Zeitschriftenarchiv, das vor allem englischsprachige Zeitschriften enthält.

MUSE enthält allerdings im Unterschied zu JSTOR weniger Zeitschriftentitel im Bereich der Geschichtswissenschaften, dafür zu einigen Titeln auch die aktuellen Jahrgänge. Die Suche nach bibliographischen Daten der Zeitschriftenartikel ist für jeden möglich. Zugang zu den Texten in MUSE haben jedoch ausschließlich Nutzer der Institutionen, die MUSE lizensiert haben.

2.2.3.3 DigiZeitschriften

DigiZeit

DigiZeitschriften, betrieben in Kooperation von einigen deutschen wissenschaftlichen Bibliotheken, kann als deutschsprachiger „kleiner Bruder" von JSTOR gelten.

Es handelt sich bei **DigiZeitschriften** um ein überwiegend deutschsprachiges Zeitschriftenarchiv mit den Artikeln aus wichtigen Fachzeitschriften (= Kernzeitschriften) der Geistes- und Sozialwissenschaften.

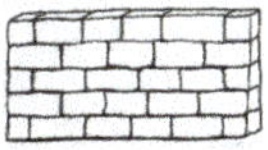

Aus dem Bereich der Geschichtswissenschaften sind bisher 15 Zeitschriften enthalten, darunter die „Historische Zeitschrift" und das „Deutsche Archiv für Erforschung des Mittelalters". Das Prinzip der **Moving Wall** gilt auch für DigiZeitschriften, d. h. die Zeitschriftenhefte werden mit einer Zeitverzögerung von einigen Jahren ins Archiv aufgenommen.

Die Suche nach Zeitschriften kann über eine Sucheingabe erfolgen, bei der Ihnen nur ein Suchfeld zur Verfügung steht, große Ergebnismengen sind aber durch die Möglichkeiten der Facettierung schnell einzuschränken. Auch eine alphabetische und eine nach Fachgebieten geordnete Zeitschriftenliste stehen zur Suche zur Verfügung.

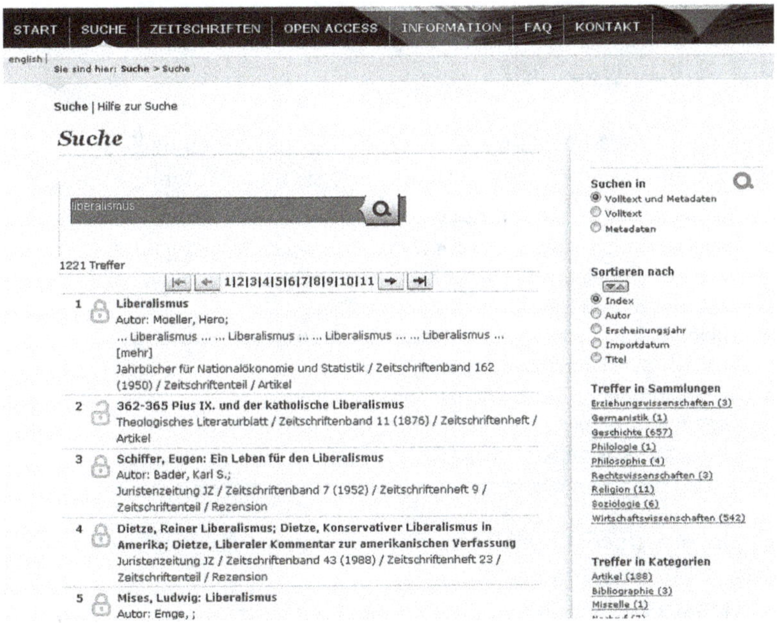

Abb. 23: Suchergebnisse mit Einschränkungsmöglichkeiten in DigiZeitschriften

Nach der Auswahl eines Treffers aus der Ergebnisliste ist das Inhaltsverzeichnis des entsprechenden Heftes einzusehen, der ausgewählte Aufsatz ist markiert und kann im nächsten Schritt als Text im PDF-Format aufgerufen werden.

2.2.3.4 Periodicals Archive Online (PAO)

Das **Periodicals Archive Online (PAO)** ist sozusagen das „Volltext-Pendant" zum Periodicals Index Online. Es enthält digitalisierte Aufsätze aus ca. 1000 Zeitschriften der Geistes- Sozial- und Kunstwissenschaften.

Die Aufsätze sind den Zeitschriftenjahrgängen vom Beginn ihres Erscheinens bis ins Jahr 2000 entnommen. In diesem Archiv sind über 100 historische Zeitschriften enthalten. Die Datenbank ist wie das PIO kostenpflichtig, der Zugang zu ausgewählten Zeitschriften, darunter für die Geschichtswissenschaft z. B. das „Journal of Contemporary History" ist jedoch von der Deutschen Forschungsgemeinschaft als sogenannte „Nationallizenz" zur Nutzung aller wissenschaftlicher Einrichtungen und angemeldeter Privatnutzer in Deutschland erworben worden. Das heißt, dass Sie PAO in Ausschnitten kostenfrei von Ihrer Bibliothek oder mit Anmeldung von zu Hause aus nutzen können.

2.3 Bibliographien

Wenn Sie einem Thema wirklich auf den Grund gehen wollen, sind Bibliographien unverzichtbare Hilfsmittel. Sie bieten folgende Vorteile:

1. Bibliographien verzeichnen die Literatur zu einem festgelegten Thema, einer Region oder einem Themengebiet unabhängig vom Vorhandensein der verzeichneten Werke an einem bestimmten Ort.
2. Bibliographien enthalten meist nicht nur Buch- sondern auch Aufsatztitel aus Zeitschriften oder Sammelbänden.
3. Bibliographien – vor allem die eines bestimmten Faches – sind oft sehr gut systematisiert und erleichtern Ihnen damit die thematische Suche nach wissenschaftlichen Informationen.

Es gibt verschiedene **Bibliographietypen,** die nach diversen Kriterien unterschieden werden können:
– **Inhalt:** Enthält eine Bibliographie Literatur zu vielen Fachgebieten, handelt es sich um eine **Allgemeinbibliographie. Fachbibliographien,** z. B. die Jahresberichte für deutsche Geschichte, sind dagegen auf die Verzeichnung von Literatur eines Faches spezialisiert. **Spezial- oder Personenbibliographien** haben einen noch engeren Fokus und verzeichnen Materialien zu einem festgelegten Teilgebiet eines Faches (wie die Bibliographie de la Révolution Française) bzw. zu einer Person (z. B. die Bismarck Bibliographie).

- Region: **Nationalbibliographien** enthalten Literatur, die in bzw. über einen Staat erscheint, in **Regionalbibliographien**, z. B. der Hessischen Bibliographie, wird die Literatur über eine bestimmte Region (unabhängig vom Erscheinungsort) verzeichnet.
- **Formale Kriterien:** In **Zeitschriftenbibliographien** finden Sie lediglich Zeitschriftentitel, in **Rezensionsbibliographien** lediglich Rezensionen etc.

Vor der Nutzung einer inhaltlich passenden Bibliographie ist es hilfreich und wichtig, herauszufinden, wie aktuell die Informationen sind, die in der Bibliographie verzeichnet sind und welche Art der Materialien einbezogen sind: Monographien, Aufsätze, E-Books ...

Achtung: Wird eine Bibliographie nicht mehr fortgesetzt, können keine Materialien verzeichnet sein, die **nach** dem Erscheinungsdatum der Bibliographie verfasst wurden!

Mit Ausnahme der Personen- oder Spezialbibliographien erscheinen inzwischen fast alle Bibliographien in elektronischer Form.

2.3.1 Epochenübergreifende Bibliographien

Epochenübergreifende Bibliographien verzeichnen Literatur zu und aus mehreren zeitlichen Epochen. Ein älteres, sehr prominentes Beispiel ist die **„Quellenkunde der deutschen Geschichte"** von Friedrich Christoph Dahlmann und Georg Waitz (der sog. Dahlmann-Waitz), herausgegeben als Druck in vielen Auflagen zwischen 1830 und 1999. (Die 8. Auflage [1912] ist retrodigitalisiert im Internet abrufbar.) Die wichtigsten elektronischen epochenübergreifenden Fachbibliographien zur Weltgeschichte, zur angloamerikanischen und zur deutschen Geschichte,
- die **Historical Abstracts,**
- **America History and Life,**
- die **Jahresberichte für deutsche Geschichte** und
- die **Historische Bibliographie**

sind im ersten Teil des Buches beschrieben. Für viele europäische Staaten gibt es den Jahresberichten für deutsche Geschichte nahe kommende historische Bibliographien, die die Literatur zur Geschichte ihres Landes sehr ausführlich dokumentieren, z. B. die **Bibliographie der Schweizergeschichte, die Bibliographie annuelle de l'histoire de France** oder die **Royal Historical Society Bibliography of British and**

Irish History. Seltener sind die großen nationalen historischen Bibliographien nach dem Prinzip der Historischen Bibliographie aufgebaut und verzeichnen die historische Literatur, die in ihrem Land verfasst wird oder erscheint, wie z. B. die **Österreichische Historische Bibliographie.**

Bei **Regionalbibliographien** handelt es sich um Bibliographien, die nicht speziell für Historikerinnen erstellt werden, aber dennoch für historische Fragestellungen sehr nützlich sein können.

Regionalbibliographien verzeichnen in der Regel die Literatur, die **über** eine bestimmte Region geschrieben wird.

Besonders nützlich sind Regionalbibliographien für Historiker bei der Bearbeitung landes- oder regionalgeschichtlicher Fragestellungen. Verzeichnet sind in der Regel nicht nur Bücher zur Region, sondern auch die einschlägigen Aufsätze und häufig sogar Zeitungsartikel. Die gebräuchlichste Form der Regionalbibliographie ist in Deutschland die **Landesbibliographie,** die die Literatur zu den Bundesländern verzeichnet, wobei die Länder Niedersachsen und Bremen in einer Landesbibliographie zusammengefasst sind. Alle Landesbibliographien erscheinen inzwischen online, zur Suche nach älterer landesgeschichtlicher Literatur muss man jedoch z. T. noch die gedruckten Bände zu Rate ziehen. Bei der Suche nach landesgeschichtlicher Literatur ist die Nutzung der Systematiken der Landesbibliographien sehr empfehlenswert, da sich spezielle historische Entwicklungen einer Region häufig darin abgebildet finden. Auf diese Weise können Sie mit wenigen Klicks z. B. in der Systematik der rheinland-pfälzischen Bibliographie die Literatur zum Département Rhein-Mosel während der französischen Besetzung 1792–1815 heraussuchen.

Mithilfe einer Metasuchmaschine, der **Virtuellen Deutschen Landesbibliographie,** ist es möglich, in allen deutschen Landesbibliographien gleichzeitig zu recherchieren.

Abb. 24: Virtuelle deutsche Landesbibliographie: Suchoberfläche

Bei der Nutzung der Virtuellen deutschen Landesbibliographie ist zu beachten dass die Online Bibliographien der Länder nicht alle zum gleichen Zeitpunkt einsetzen, z. B. finden Sie in der Baden-Württembergischen Bibliographie die Literatur ab 1981, in der Bayerischen erst ab 1988. Da eine Metasuchmaschine mehrere unterschiedlich aufgebaute Datenbanken durchsucht, können nur solche Suchanfragen beantwortet werden, die von allen Landesbibliographien unterstützt werden, d. h. in den einzelnen Online-Bibliographien der Länder sind präzisere Suchen möglich.

In einigen Bundesländern werden die Landesbibliographien mit weiteren landeskundlichen Informationen zusammen auf einer Art „Landesportal" angeboten. Im Angebot **Sachsen digital** finden sich z. B. neben der Sächsischen Bibliographie, die Sächsische Biographie, ein historisches Ortsverzeichnis, alte Karten, Filme, digitalisierte Quellen zur Sächsischen Geschichte, aber auch „Sächsische Ansichten" mit Fotos aus Sachsen und die Landtagsprotokolle des Sächsischen Landtags.

2.3.2 Bibliographien zur Alten Geschichte

Die wissenschaftlichen Informationen zur Alten Geschichte lassen sich nicht von denen der weiter definierten Altertumswissenschaften trennen, die unter anderem auch die griechische und lateinische

Philologie, die antike Kulturwissenschaft und die Hilfswissenschaften dieser Fachgebiete umfassen. Dieser Tatsache tragen auch die wichtigen bibliographischen Verzeichnisse zur Antike Rechnung und verzeichnen Literatur zu den Altertumswissenschaften im umfassenderen Sinn.

2.3.2.1 L'Année Philologique (APh)

APh

In der **Année Philologique** finden Sie internationale Bücher, Rezensionen und Zeitschriftenartikel zu allen Bereichen der Altertumswissenschaften, sofern sie ein Thema aus der Zeit zwischen 2000 v. Chr. bis ca. 800 n. Chr. behandeln.

Diese für die Altertumswissenschaften zentrale Bibliographie mit dem klingenden Untertitel „Bibliographie critique et analytique de l'antiquité gréco-latine", herausgegeben von der Société internationale de bibliographie classique (SIBC) in Paris, erscheint auch heute noch sowohl als Druck als auch online. Die kostenpflichtige Online-Ausgabe enthält alle Jahrgänge der Bibliographie seit ihrem Erscheinungsbeginn im Jahr 1928 und bietet die Möglichkeit auch Literaturnachweise zu finden, die erst im jeweils nächsten Band der Druckausgabe erscheinen werden. Trotzdem ist die Zeit zwischen dem Erscheinen der jeweiligen Texte und der Anzeige in der Bibliographie (von Bibliothekaren Verzugszeit genannt) auch in der Online Ausgabe recht lang.

Die Suchmaske der Année Philologique erlaubt eine Suche in diversen Kategorien. Bei der Eingabe der Suchbegriffe blättert sich automatisch die jeweilige Registerstelle auf und bietet Suchbegriffe zur Auswahl an. Bei der Suche nach „Subjects and Disciplines" öffnet sich bereits vor der Eingabe eines Begriffs eine Fachsystematik. Verwirrend ist, dass schon bei den Suchkategorien zwischen „Subjects and Disciplines prior" and „Subjects and Disciplines after" unterschieden wird. Dahinter verbirgt sich die Tatsache, dass die Systematik sich mit Band 67 (1996) änderte und auch online noch zwischen beiden Systematiken unterschieden wird.

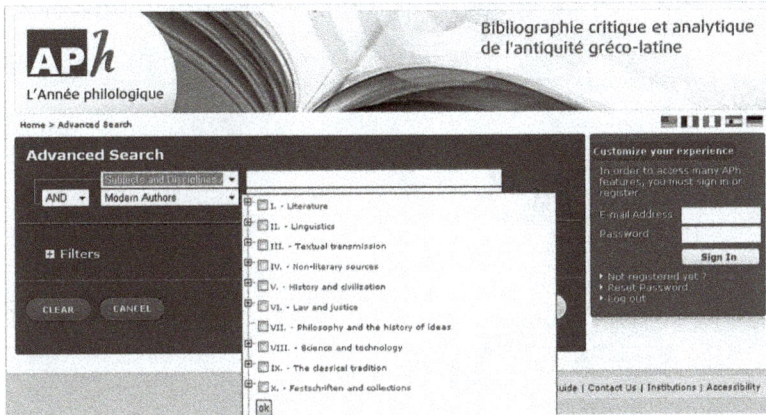

Abb. 25: Suchmaske der APh mit aufgeblätterter neuerer Systematik

Alle Suchanfragen kann man in einem persönlichen Profil hinterlegen, regelmäßig abfragen oder als RSS-Feed abonnieren. Die Ergebnisse sind auf zahlreiche Arten exportierbar. Zu den bibliographischen Angaben einiger Texte ist ein Abstract abrufbar.

2.3.2.2 Gnomon

Die „Gnomon Bibliographische Datenbank – Internationales Informationssystem für die Klassische Altertumswissenschaft" ist aus der bibliographischen Beilage der Zeitschrift „Gnomon. Kritische Zeitschrift für die gesamte klassische Altertumswissenschaft", einem führenden Rezensionsorgan für die gesamten Altertumswissenschaften, hervorgegangen.

Gnomon

Neben den Rezensionen aus der Zeitschriftenbeilage des **Gnomon** sind weitere Monographien, Zeitschriftenaufsätze und Rezensionen – deutsche sowie ausländische – in der Datenbank verzeichnet. Für eine Literaturrecherche nach aktueller Literatur zur Alten Geschichte ist Gnomon sehr gut geeignet.

Die Datenbank enthält keine Daten zu elektronischen Medien. Sie wird an der Katholischen Universität Eichstätt erstellt, monatlich aktualisiert und ist frei abrufbar.

Die Suchmöglichkeiten der Datenbank sind zahlreich, für einen thematischen Einstieg empfiehlt sich besonders der sehr ausgefeilte Thesaurus, mit dessen Hilfe man sich von den großen Teilgebieten der Altertumswissenschaften bis zu einzelnen speziellen Themen „herunterklicken" und sich auf jeder Ebene die dazugehörigen Titel anzeigen lassen kann.

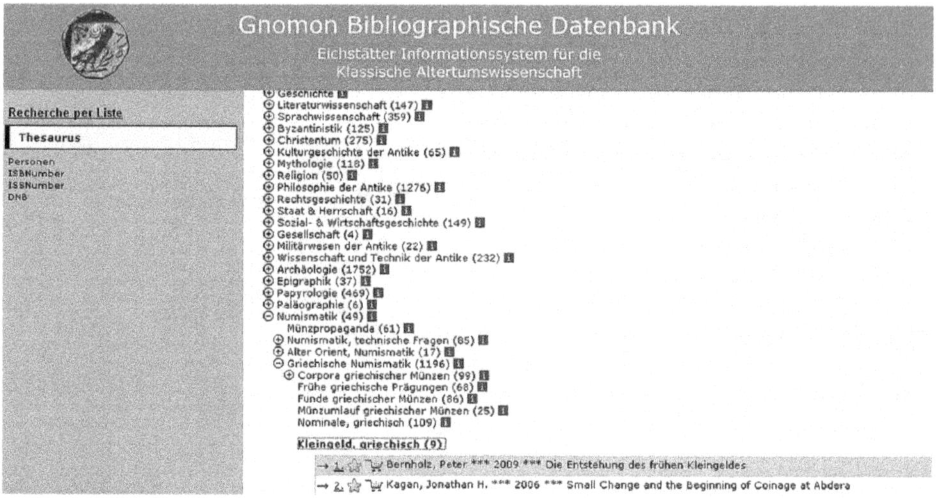

Abb. 26: Gnomon: Thesaurus mit Titelanzeige

Der Thesaurus kann auch alphabetisch als eine Art Stichwortliste benutzt werden. Dann sind Begriffe, zu denen es Synonyme, Ober- und Unterbegriffe gibt, gekennzeichnet, so dass Sie evtl. von einem ersten Begriff auf weitere für die Suche relevante Begriffe geleitet werden. Für den Suchbegriff „Keramik" werden im Gnomon-Thesaurus z. B. „Archäologie" als Oberbegriff sowie zahlreiche untergeordnete Begriffe (Vasenmalerei, griechische Keramik, ...) angeboten.

Die Datensätze der Ergebnisliste können Sie mithilfe des Einkaufswagensymbols nicht etwa käuflich erwerben, sondern in eine persönliche Favoritenliste speichern, von wo aus ein Export der Daten möglich ist – leider (noch) nicht direkt in ein Literaturverwaltungsprogramm.

2.3.3 Bibliographien zur mittelalterlichen Geschichte

Bei der Beschäftigung mit mittelalterlicher Geschichte ist eine der ersten zu klärenden Fragen immer die nach dem Beginn und dem Ende des Mittelalters. Eine der nächsten Fragen ist – wie bei allen Epochen der Geschichte – welche wissenschaftlichen Fragen dem Fach Geschichte, welche evtl. der Philologie, der Kunstgeschichte oder der Theologie zuzuordnen sind. Beides sind auch zentrale Fragen für die Zusammenstellung einer Bibliographie, weil sie darüber entscheiden, welche Literatur einbezogen wird und bei welchen Ti-

teln man auf eine Verzeichnung verzichtet. Die Mehrzahl der Bibliographien zur mittelalterlichen Geschichte verzeichnet Literatur zu
Mediävistik insgesamt, d.h. neben der mittelalterlichen Geschichte
auch zum mittelalterlichen Recht, zur Philologie etc. Die zeitlichen
Grenzen setzen die Bibliographien – wie die Wissenschaftler – unein-
heitlich.

2.3.3.1 International Medieval Bibliography (IMB)

Die **International Medieval Bibliography** verzeichnet Aufsätze aus Zeitschriften und   **IMB**
Sammelbänden zu allen Fachgebieten der Mediävistik. Die Grenzen des Mittelalters
sind mit 300–1500 n.Chr. in dieser Bibliographie recht weit gefasst.

Buchnachweise sind in der IMB nicht verzeichnet – sie sind in der
„Bibliographie de Civilisation Médiévale" (s. S. 46) enthalten. Die IMB
erscheint seit 1967, heute sowohl im Druck als auch online. Sie wird
an der Universität Leeds in Zusammenarbeit mit Wissenschaftlern aus
über 30 verschiedenen Standorten erstellt und von der Firma Brepols
vertrieben. Es wird Literatur aus Europa, Nordamerika, Australien,
Brasilien, Japan und Südafrika in die IMB aufgenommen.

    Die Suchmöglichkeiten der IMB-Datenbank sind sehr ausgefeilt –
vor allem mit der „Advanced Search" sind sehr präzise Suchen möglich. Zu fast allen Suchkategorien gibt es Indizes.

    Zur Suche nach Materialien zu feststehenden Themen können Sie
in der Expertensuche den sogenannten „Subject tree" nutzen, eine
Systematik, in der Sie bis zur vierten Tiefenebene browsen und die
gefundene Systemstelle per Klick in Ihr Suchformular einfügen können.

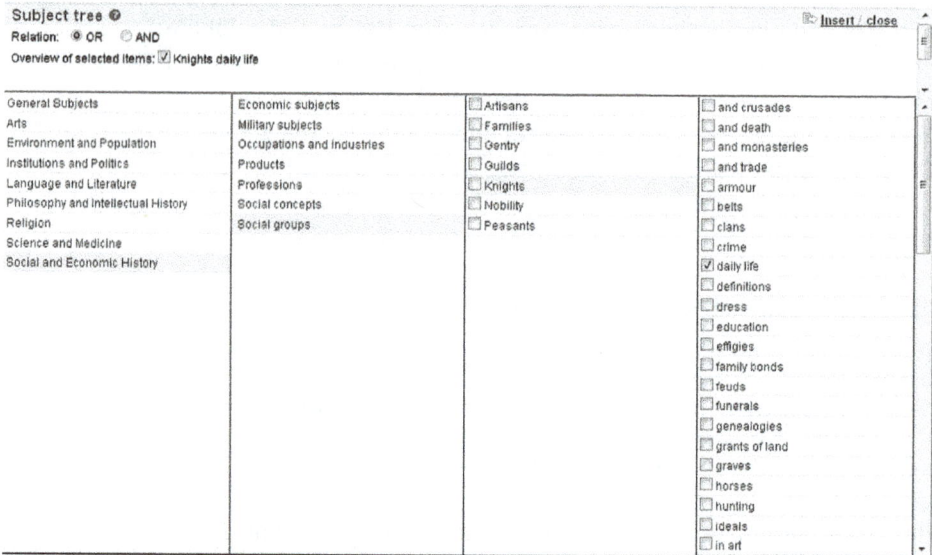

Abb. 27: „Subject tree" in der IMB

Auch die Ergebnisliste der IMB bietet viele Möglichkeiten. Neben den üblichen Möglichkeiten des Speicherns und Versendens, können Literaturhinweise auch in verschiedene Literaturverwaltungssysteme übernommen werden. In der Vollanzeige der Titel gibt es zu Schlagworten, die einem Titel zugeordnet wurden, Links zum ebenfalls von Brepols angebotenen *Lexikon des Mittelalters* oder zur *International Encyclopaedia for the Middle Ages*, zwei Nachschlagewerken, die einen schnellen Überblick über unbekannte Begriffe oder Sachverhalte verschaffen können. Diese Links sind jedoch nur dann nutzbar, wenn (von Ihrer Bibliothek) auch ein Zugriff auf die beiden Nachschlagewerke erworben wurde.

2.3.3.2 Bibliographie de Civilisation Médiévale (BCM)

BCM

Die **Bibliographie de Civilisation Médiévale** verzeichnet Bücher und Sammelbände zur Mediävistik. Zu vielen verzeichneten Werken sind Rezensionen mit aufgenommen.

Die BCM wird seit 1958 vom Centre d'Études Superiores de Civilisation Médiévale an der Université Poitiers erstellt und deckt dieselbe Zeit ab wie die International Medieval Bibliography, hat aber bei älterer Literatur einen deutlichen Schwerpunkt auf der hochmittelalterlichen Zeit.

Die Online-Datenbank (es erscheinen auch noch gedruckte Ausgaben) wird ebenfalls von der Firma Brepols angeboten, die Möglichkeiten zur Recherche und zur Weiterverarbeitung gefundener Daten decken sich weitgehend mit denen der International Medieval Bibliography. Hat eine Bibliothek den Zugang zu beiden Datenbanken erworben, können beide gleichzeitig durchsucht werden.

2.3.3.3 Literaturdatenbank der Regesta Imperii (RI-OPAC)

Ziel des Langzeitprojektes *Regesta Imperii* der Akademie der Wissenschaften und der Literatur Mainz ist die Sammlung, Bearbeitung und Publizierung aller deutschen Königs- und Kaiserurkunden.

RI-OPAC

Die frei zugängliche Literaturdatenbank **RI-OPAC** zu allen Fachdisziplinen der mediävistischen Forschung des gesamten europäischen Sprachraums ist quasi ein „Nebenprodukt" der Regesta Imperii.

Es ist der Nachweis der von den Mitarbeitern für ihre Arbeit genutzten Sekundärliteratur. Durch die langjährige Verzeichnung mediävistischer Literatur entstand im Laufe der Jahre die weltweit umfassendste Literaturdatenbank zur Mittelalterforschung.

Trotz der irreführenden Bezeichnung „OPAC" handelt es sich hier um eine Bibliographie. Die Datenbank enthält keinerlei Informationen darüber, wo die verzeichnete Literatur zu finden ist (Bestandsnachweise), ist dafür aber sehr gut erschlossen und enthält sowohl Bücher als auch Aufsatznachweise – typische Merkmale einer Bibliographie.

Neben einer einfachen und einer erweiterten Suchmaske, die die bereits bekannten Suchmöglichkeiten einräumen, ist die Suche nach Schlagworten innerhalb eines Thesaurus möglich. Die Schlagworte im Thesaurus sind alphabetisch sortiert, lassen sich aber auch zeitlich, thematisch oder geographisch als Systematik anzeigen und benutzen.

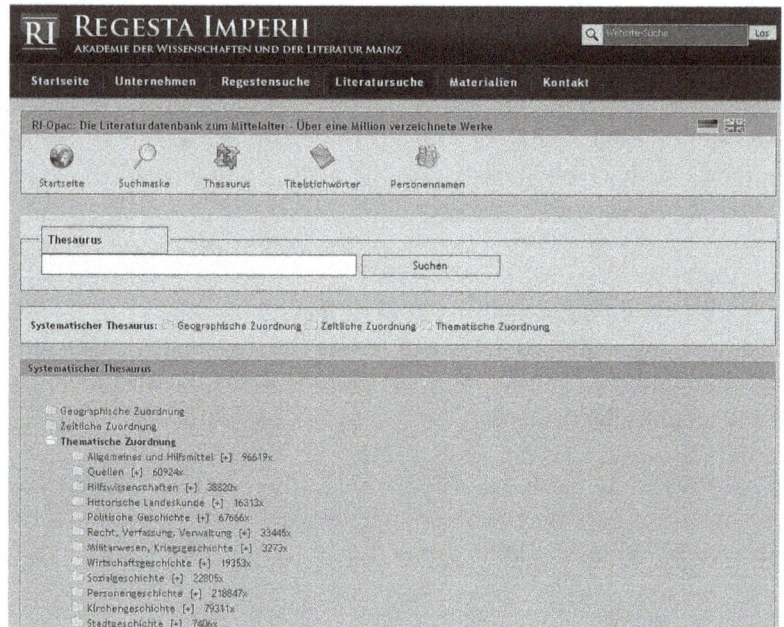

Abb. 28: Thesaurus des RI-OPAC

Zusätzlich bietet der RI-OPAC die Möglichkeit, nach Titelstichworten oder Personennamen zu suchen – im Personenindex sind sowohl moderne Autorennamen als auch mittelalterliche Personennamen suchbar. In der Ergebnisliste ist anhand kleiner Symbole vor den Treffern erkennbar, um welches Medium (Buch, Zeitschrift, Aufsatz ...) es sich handelt. Klickt man einen Titel aus der Ergebnisliste an, wird zusätzlich zu den ausführlichen bibliographischen Daten eine direkte Verbindung zum Karlsruher Virtuellen Katalog angeboten, um zu prüfen, wo der entsprechende Text zu erhalten ist.

Iter

2.3.3.4 Iter Bibliography

Die Iter Bibliography (iter, lat. Weg, Pfad, Reise) ist Teil eines von kanadischen und amerikanischen Universitäten und Universitätsbibliotheken betriebenen Online-Angebots zur Mediävistik und Renaissance.

In der **Iter Bibliography** ist Sekundärliteratur „aller Art" (Zeitschriftenartikel, Bücher, Aufsätze aus Sammelbänden und Kongressschriften ...) zum europäischen Mittelalter und der Renaissance (700–1700 n. Chr.) verzeichnet.

Die Iter Bibliography ist eine kostenpflichtige Online Bibliographie, die in Deutschland bisher lediglich von der Bayerischen Staatsbibliothek zur Nutzung angeboten wird, obwohl sowohl das umfassende Angebot als auch gute Recherchemöglichkeiten eine Suche darin lohnend machen.

2.3.4 Bibliographien zur frühen Neuzeit

Bibliographie *zur* frühen Neuzeit ist für die Verzeichnisse, die in diesem Kapitel beschrieben werden, nicht ganz der richtige Ausdruck, es handelt sich dabei um nahezu *alle* Drucke *aus* der frühen Neuzeit, die lange Zeit nicht zusammenhängend verzeichnet waren, weil eine deutsche Nationalbibliothek fehlte. Die nachträgliche Verzeichnung, die die drei Bibliographien **Verzeichnis der im deutschen Sprachraum erschienenen Drucke des 16. Jahrhunderts (VD 16), ... des 17. Jahrhunderts (VD 17) und ... des 18. Jahrhunderts (VD 18)** bieten, bilden eine retrospektive Nationalbibliographie der Drucke aus dieser Zeit. Diese Arbeit wurde genau wie die Sammlung der entsprechenden Drucke selbst von mehreren Bibliotheken in Zusammenarbeit und mit Unterstützung der DFG geleistet. Die Materialien, die in den drei Verzeichnissen zu finden sind, sind für die historische Forschung eher Quellen als Sekundärliteratur.

2.3.4.1 Verzeichnis der im deutschen Sprachraum erschienenen Drucke des 16. Jahrhunderts (VD 16)

Im **VD 16** werden alle im deutschen Sprachraum zwischen 1501 und 1600 erschienenen Drucke nachgewiesen. Ausgenommen sind Karten, Notendrucke sowie Einblattdrucke (oft Flugblätter).   VD 16

Das Verzeichnis wurde bereits 1969 begonnen und erschien zunächst als Druckausgabe. Diese Buchausgabe wurde im Jahr 2000 mit dem 25. Band abgeschlossen. Die Daten wurden digitalisiert und in eine von der Bayerischen Staatsbibliothek kostenlos angebotene Online-Ausgabe überführt, die stetig erweitert und aktualisiert wird. Die Datenbank enthält seit einiger Zeit auch die Daten des VD 17, so dass die Drucke des 16. und 17. Jahrhunderts gemeinsam durchsucht werden können.

Wichtig: Bibliographische Daten alter Drucke sind wesentlich ausführlicher als die neuerer Literatur. Neben den Angaben zu Autoren, Titel, Erscheinungsort und -zeit der Drucke finden sich Angaben zum Drucker und ausführliche Beschreibungen der Besonderheiten eines Druckes. All diese Angaben sind unter Umständen wichtig, um Drucke zweifelsfrei identifizieren und zuordnen zu können – ISBNs gab es noch nicht.

Ein erheblicher Teil (> 20%) der Titeldaten zu Drucken aus dem 16. Jahrhundert hat zusätzlich einen Link zum Volltext des beschriebenen Werkes, sofern es bereits in einer der kooperierenden Bibliotheken digitalisiert wurde.

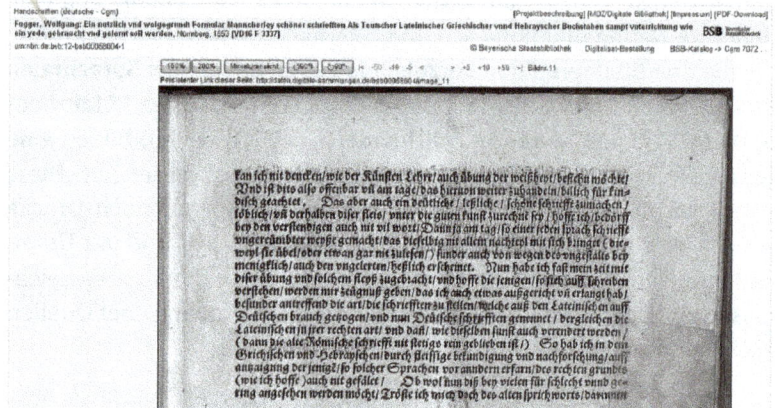

Abb. 29: VD 16 Volltext mit bibliographischen Daten

2.3.4.2 Verzeichnis der im deutschen Sprachraum erschienenen Drucke des 17. Jahrhunderts (VD 17)

VD 17

Im **VD 17** werden alle im deutschen Sprachraum zwischen 1601 und 1700 erschienenen Drucke, auch die Einblattdrucke, nachgewiesen. Ausgenommen sind wiederum Karten und Notendrucke.

Seit 1994 wird am VD 17 gearbeitet, das von Anfang an als Online-Datenbank geführt wurde. Neben der bibliographischen Beschreibung mit den zusätzlichen Informationen, die zur Beschreibung alter Drucke unerlässlich sind, enthalten die Titeldatensätze Abbildungen von sogenannten Schlüsselseiten (z. B. der Titelseite oder Seiten mit Widmungen) sowie einen „Fingerprint", d. h. einen bibliographischen

„Fingerabdruck" damit Historiker und Buchwissenschaftler diese Drucke noch genauer einordnen können. Ein solcher Fingerprint besteht u. a. aus zusammengestellten Buchstaben und anderen Merkmalen, die festgelegten Seiten eines Druckes entnommen werden, z. B. 4.n-h-nd ufh- t;i- S 1694A.

	VD17 1:042687S
Schlüsselseiten:	Schlüsselseiten des Titels (Gesamtes Dokument)
Titel:	Nachricht von der Hoch-Fürstl. Würtzburgischen Regierung die Anzeig geschehen/ daß Johann Peter Nezel/ so gegen dreissig Jahr alt/ eines eingefallenen/ bleichen/ schmahlen Angesichts ... sich wegen vorgehabter Inquisition uß flüchtigen Fuß gesetzet, Als wird allen Ober- und andern Beambten ... befohlen/ Ihne/ Nezeln ... in Verhaft bringen zu lassen/ zu examiniren/ und Bericht zu erstatten.
Ort/Jahr:	[S.l.], 1694
Kollation:	[1] Bl.
Fingerprint:	4.n- h-nd ufh- t;i- S 1694A
Sprache(n):	ger
Anmerkungen:	Format: ca. 34,5 x 21 cm. - Satzspiegel: 12,5 x 14,5 cm Schlüsselseiten aus dem Exemplar der SBB-PK Berlin: 2° Gp 4800-1
Körperschaft (en):	Ansbach

Abb. 30: Titelanzeige aus dem VD 17

Zu einem beträchtlichen Teil der Drucke des 17. Jahrhunderts gibt es wiederum einen Volltext im VD 17, der per Link aufgerufen werden kann. Neben der Recherche in der eigentlichen Datenbank des VD 17 ist auch eine gemeinsame Recherche in VD 16 und VD 17 über die Online Ausgabe des VD 16 möglich. Auch das VD 17 wird kontinuierlich erweitert.

2.3.4.3 Verzeichnis der im deutschen Sprachraum erschienenen Drucke des 18. Jahrhunderts (VD 18)

Im **VD 18**, mit dessen Erstellung einige Bibliotheken 2009 in einem Pilotprojekt begonnen haben, werden alle Drucke mit Erscheinungsjahr zwischen 1701 und 1800 nicht nur verzeichnet, sondern auch als digitalisierter Volltext erfasst.

VD 18

Die Laufzeit dieses ehrgeizigen Projektes wird ca. 10 Jahre betragen. Mit dem VD 18 entsteht nicht nur eine retrospektive Nationalbibliographie, sondern eine **retrospektive digitale Sammlung der Drucke des 18. Jahrhunderts.** Damit stehen für Sie viele Quellen u. a. zum Absolutismus, der Aufklärung, der Zeit Friedrichs II. von Preußen und der beginnenden Industrialisierung online zur Verfügung.

Die Recherche in der im Aufbau befindlichen Datenbank ist moderner als die in den beiden oben beschriebenen Vorgängerdatenbanken. Sie kann nicht nur innerhalb einer Suchmaske, sondern auch über Indizes (Listen) oder mithilfe von Tags, die in „Clouds" bzw. „Wolken" strukturiert sind, erfolgen. Über Neuzugänge in der Datenbank können Sie sich per RSS-Feed informieren lassen.

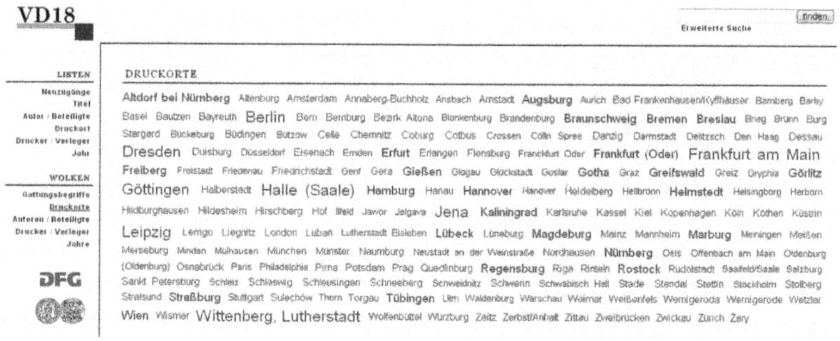

Abb. 31: Tag-Cloud „Druckorte" im VD 18

Die Kurzanzeige der Suchergebnisse lässt sich unterschiedlich sortieren und mithilfe von Facetten eingrenzen oder spezifizieren.

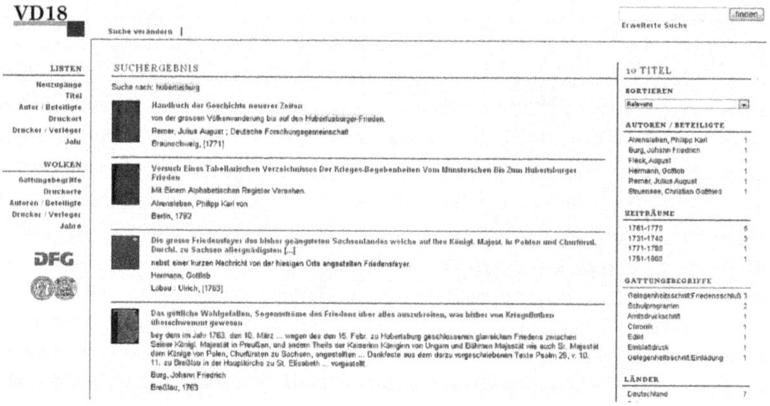

Abb. 32: Ergebnisliste im VD 18

Alle Titeldatensätze des VD 18 enthalten zusätzlich zu den ausführlichen bibliographischen Daten einen Link zum digitalen Volltext und die Möglichkeit nach weiteren vorhandenen Exemplaren des Druckes in anderen Bibliotheken zu suchen.

Zur Frühen Neuzeit gibt es ergänzend ältere, gedruckte Spezialbibliographien, die nach wie vor für die Suche nach Sekundärliteratur zu entsprechenden Themen von großem Wert sind, wie z. B. die *Bibliographie zur deutschen Geschichte im Zeitalter der Glaubensspaltung 1517–1585* hrsg. von Karl Schottenloher.

2.3.5 Bibliographien zur Neueren Geschichte und Zeitgeschichte

Die umfassendsten Bibliographien zur Neueren Geschichte und zur Zeitgeschichte sind in den epochenübergreifenden historischen Bibliographien *Historical Abstracts, America: History and Life,* sowie für die deutsche Geschichte den *Jahresberichten für Deutsche Geschichte* und der *Historischen Bibliographie* enthalten (s. S. 18 ff.).

Aufsätze zur Zeitgeschichte finden Sie sehr schnell in der Datenbank **Online Contents SSG Zeitgeschichte** (s. S. 31 f.). Daneben gibt es selbstverständlich Spezial- und Personalbibliographien zu zahlreichen Themen beider Epochen (z. B. die gedruckte **Bibliographie zum Nationalsozialismus** oder die **Helmut Schmidt Bibliographie,** die als Online Bibliographie von der Bibliothek der Helmut Schmidt Universität Hamburg erstellt wurde.

2.4 Wege zum Volltext

Für die *Suche* nach Literatur werden inzwischen fast ausschließlich elektronische Informationsmedien genutzt – nur für eine eingehende Beschäftigung mit speziellen Themen ist es im Einzelfall nötig, Literatur in gedruckten Bibliographien oder konventionellen Katalogen zu suchen. Bei der *Bearbeitung* von Literatur und Quellen ist die Nutzung gedruckter Medien unverzichtbar, denn in den Geschichtswissenschaften erscheint (noch) nicht jede bedeutende wissenschaftliche Untersuchung in elektronischer Form und viele ältere Publikationen sind nicht digitalisiert und damit nicht online zugänglich. Die Menge der Texte die komplett (als „Volltext") elektronisch verfügbar sind, wird jedoch schnell größer, gleich ob es sich um Sekundärliteratur, Quelleneditionen oder Aufsatzliteratur (siehe Kapitel „Zeitschriftenarchive" S. 34 ff.) handelt. Elektronische Volltexte werden auf viele verschiedene Arten angeboten: Als frei verfügbare Digitalisate bei Google books oder über Universitätsserver zur Veröffentlichung von Forschungsliteratur, als Retrodigitalisat einer Bibliothek oder als Quelledition eines Verlages. Auch E-Books werden zukünftig für Historiker eine größere Rolle spielen als bisher.

Grundsätzlich wird zwischen im Nachhinein digitalisierten (zunächst gedruckten) Texten, sogenannten **Retrodigitalisaten**, und von Beginn an elektronisch vorliegenden Dokumenten (**born digital**) unterschieden.

Werden gedruckte Medien digitalisiert, kann das Ergebnis sehr unterschiedlich ausfallen – mit den entsprechenden Folgen für den Nutzungskomfort. Aus diesem Grund ist der Vorstellung der Angebote digitalisierter Medien ein kurzer Abschnitt zur Digitalisierung von Druckwerken vorangestellt.

2.4.1 Digitalisierung von Druckwerken

Zur Digitalisierung von gedruckten Medien werden die Seiten des Buches (oder der Zeitung, Zeitschrift, ...) zunächst gescannt oder fotografiert. Nach dem Scan liegt ein Bild (Image) der jeweiligen Seite vor, das je nach Bildauflösung und Kunstfertigkeit des Bearbeiters gut oder weniger gut lesbar ist. Das Bild vermittelt einen visuellen Eindruck vom digitalisierten Druck. Neben dem reinen Text ist auch die Gestaltung des Covers oder des Druckbildes zu sehen, der Text ist jedoch nicht als Text erfasst, d. h. einzelne Worte und Begriffe aus dem Text sind nicht suchbar. Ein Text liegt erst dann als elektronischer Text vor, wenn er entweder als Text eingetippt wurde oder aus den gescannten Bildern in einem automatisierten Verfahren, das sich Optical Character Recognition (OCR) nennt, der Text „erkannt" wurde. Mittels OCR wird jedes Wort, das im Text vorkommt, nicht nur als Bild, sondern als Wort in einem riesigen Index erfasst und kann später gesucht werden. Das bewirkt, dass Textpassagen besser suchbar sind, und macht es möglich, Texte wesentlich genauer zu analysieren als vorher, weil sehr schnell z. B. die Frage nach der Häufigkeit eines Wortes innerhalb eines langen Textes beantwortet werden kann. OCR-Verfahren sind jedoch für alte Schrifttypen, wie z. B. die deutsche Frakturschrift, bisher kaum anwendbar und können daher vor allem bei der Digitalisierung alter Drucke nur sehr eingeschränkt verwendet werden. Daher sind viele historische Texte lediglich als „Bild" digitalisiert.

2.4.2 Google books

Google books ist inzwischen der größte „Anbieter" digitalisierter Bücher weltweit. Google books, in der Google-Menüleiste unter „mehr" zu finden, besteht aus zwei unterschiedlichen Teilen:

Google Print ist aus einer Zusammenarbeit mit diversen, auch wissenschaftlichen, Verlagen (z. B. Oxford University Press) entstanden. Dabei stellen die Verlage Google ihre Medien zur Verfügung, der Konzern scannt die Bücher (sofern die Texte nicht bereits digital vorliegen) und indexiert jedes Wort durch OCR-Verfahren. Von einem solchen

Buch sind bei Google books die bibliographischen Daten und evtl. einige weitere Textteile lesbar, zum Lesen des gesamten Buches ist ein Kauf oder die Ausleihe in einer Bibliothek notwendig. Zur weiteren Recherche bietet Google books Links zu diversen Online Buchhandlungen und zum Metakatalog World Cat (s. S. 10) an.

Google Library bietet die Ergebnisse der Zusammenarbeit des Konzerns mit großen Bibliotheken weltweit an. Unter den mit Google kooperierenden Bibliotheken finden sich sehr bedeutende wissenschaftliche Bibliotheken wie z. B. die Bodleian Library der Oxford University oder die Bibliothek der Harvard University. Aus dem deutschsprachigen Bereich sind die Bayerische Staatsbibliothek in München und die Österreichische Nationalbibliothek in Wien zu nennen. Aus der Bayerischen Staatsbibliothek werden sämtliche Drucke digitalisiert, die urheberrechtsfrei (der Autor muss seit mehr als 70 Jahren tot sein) vorliegen. Eine Ausnahme bilden lediglich sehr kostbare und zum Scannen zu empfindliche Drucke. Da die Bayerische Staatsbibliothek sowie die meisten der anderen beteiligten Bibliotheken im Fach Geschichte herausragende Bestände besitzen, können Sie über Google books mehr und mehr ältere historisch relevante Literatur digitalisiert finden.

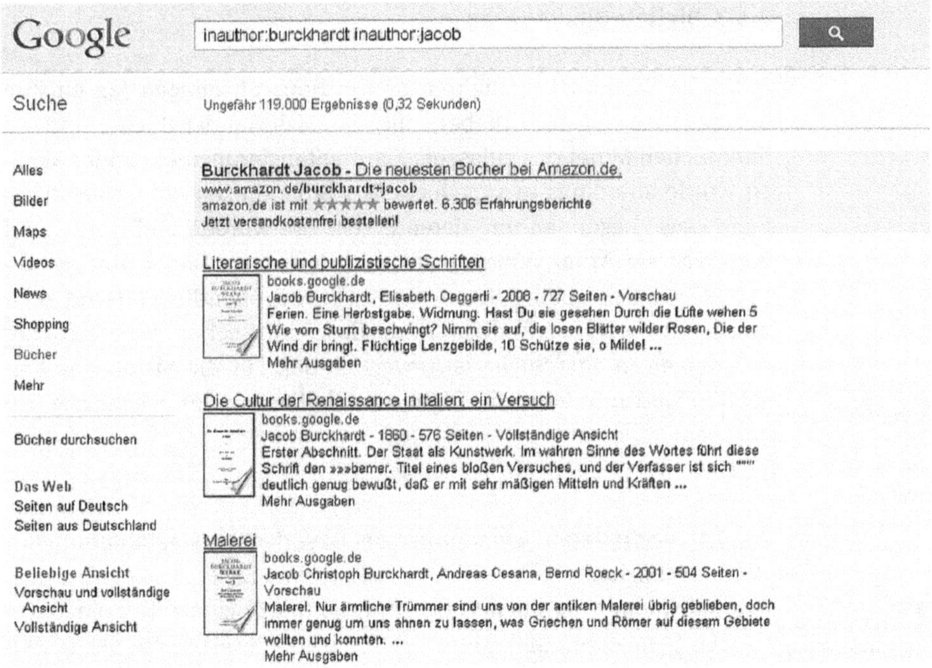

Abb. 33: Ergebnisliste in Google books

Es gibt allerdings auch einige Einschränkungen bei dieser Art von Literaturbeschaffung:
- Die Einhaltung der urheberrechtlichen Regelungen durch Google ist eine sehr umstrittene Frage.
- Eine systematische Suche ist nicht möglich – weder mit der einfachen Suche noch mit der erweiterten Suchmaske. Die Bücher sind nicht mit Schlagworten versehen oder nach Fachgruppen sortiert. Auf der Einstiegsseite sind zwar Suchkategorien zum Browsen angezeigt, es handelt sich aber nicht um wissenschaftliche Fachbezeichnungen (Kochen, Gesundheit ...). Geschichte existiert als Kategorie nicht.
- Wollen Sie auch fremdsprachige Werke finden, müssen Sie Ihre Suche mit fremdsprachigen Suchbegriffen wiederholen!
- In einigen Fällen sind die Texte in schlechter Qualität gescannt und auch die OCR-Ergebnisse sind keineswegs fehlerfrei.

Google books ist sehr nützlich zum schnellen Einsehen älterer geschichtswissenschaftlicher Literatur, für eine systematische Literaturrecherche und zur Lektüre aktueller Forschungsliteratur jedoch nicht ausreichend!!

2.4.3 Digitale Bibliotheken

Deutsche Bibliotheken digitalisieren schon seit einigen Jahren ihre Bestände, soweit das Urheberrecht, das Material der Bücher und die öffentlichen Mittel das zulassen. Die Digitalisierung gedruckter Medien wurde allerdings in verschiedenen Bibliotheken auf unterschiedliche Weise begonnen und deren Ergebnisse wurden und werden auf verschiedene Arten verzeichnet und präsentiert. Daher gibt es bisher keinen zentralen Ort, an dem alle von öffentlicher Hand digitalisierten Texte auffindbar sind, das Einbeziehen verschiedener Ressourcen in eine Suche ist unverzichtbar. Für die historische Forschung sind u. a. folgende Digitale Bibliotheken von besonderer Bedeutung:

2.4.3.1 Die digitalen Sammlungen der Bayerischen Staatsbibliothek München

MDZ

Das **Münchener Digitalisierungszentrum (MDZ)** ist ein Teil der Bayerischen Staatsbibliothek München. Es legt Schwerpunkte der Digitalisierung sowohl auf alte wertvolle Drucke als auch auf die Literatur zur Geschichte, da diese Literatur ein Sondersammelgebiet der Baye-

rischen Staatsbibliothek ist. Innerhalb der frei verfügbaren Digitalen
Sammlungen der Bibliothek kann über eine Eingabemaske nach Titel,
Autoren oder Beschreibung eines Werkes gesucht werden. Der Browsing Index ermöglicht die Suche innerhalb einer zeitlichen Einteilung,
eines Autorenindexes und innerhalb von Fachgebieten.

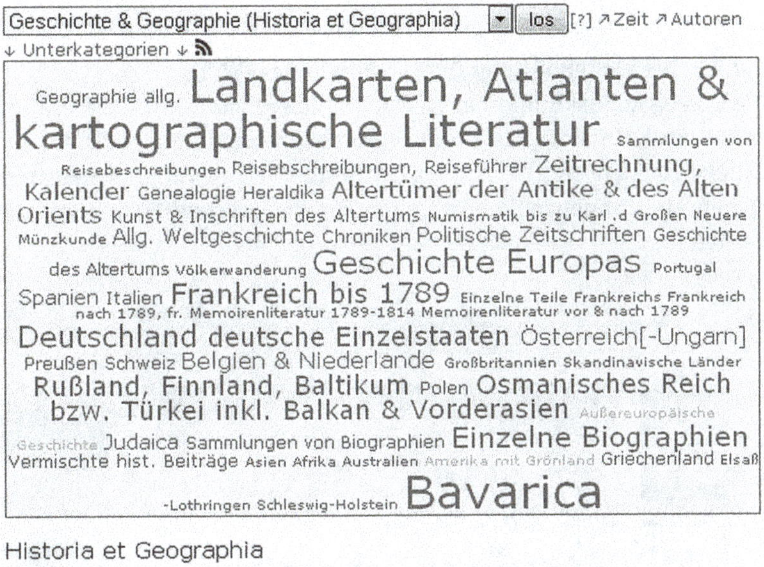

Historia et Geographia

Abb. 34: Münchener Digitale Bibliothek: Browsing Index: Fachgebiet Geschichte
und Geographie

Wählen Sie die Anzeige der Unterkategorien eines Fachgebietes als Begriffs-Wolke **Tipp**
(Tag Cloud), um an der Größe des Begriffs die Menge der dazu digitalisierten Werke
ablesen zu können.

2.4.3.2 Perseus Digital Library

Perseus Digital Library ist ein Angebot der Tufts Universität in Medford, Massachusetts. Der Ursprung dieser Digitalen Sammlung und
damit auch ihr Schwerpunkt liegt im Bereich der klassischen Altertumswissenschaften. Althistoriker finden hier eine große Auswahl an
Primär- und Sekundärliteratur zur griechischen und römischen Geschichte. Zu fast allen Originaltexten sind englische Übersetzungen
und Kommentare abrufbar. Zunehmend finden sich auch digitale Texte
zum Mittelalter zur Renaissance und zur amerikanischen Geschichte

Perseus Digital Library

sowie Materialien für Sprach- und Literaturwissenschaftler in der Perseus Digital Library.

Tipp

Nutzen Sie die Wortanalysemöglichkeiten der Perseus Digital Library: Eine grammatische Analyse des Wortes sowie die Häufigkeit des Wortes im Text sind durch Anklicken des Wortes zu ermitteln.

WDB

2.4.3.3 Die Wolfenbütteler Digitale Bibliothek (WDB)

Die Herzog August Bibliothek in Wolfenbüttel digitalisiert wie die Münchener Staatsbibliothek schon seit Jahren ihre Sammlungen. Vor allem Drucke aus dem 16., 17., und 18. Jahrhundert werden digitalisiert und stehen als frühneuzeitliche Quellen der historischen Forschung zur Verfügung.

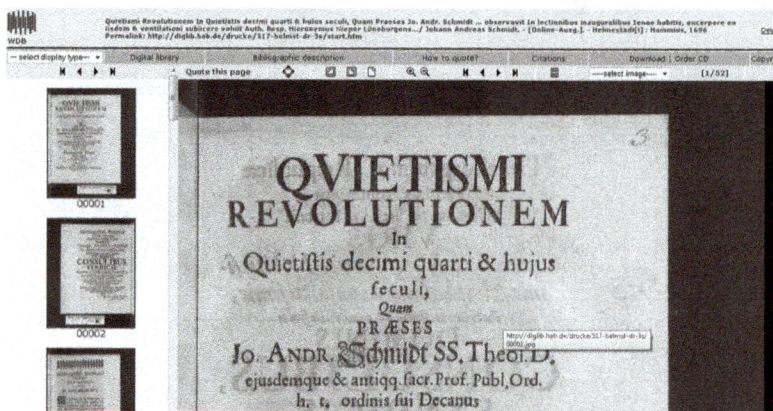

Abb. 35: Anzeige eines digitalisierten Drucks in der WDB

2.4.3.4 Connected Histories

Connected
Histories

Connected Histories ist eine Website der Universitäten Hertfortshire, London und Sheffield, auf der digitalisierte Materialien zur Geschichte der Britischen Inseln von 1500–1900 angeboten werden. Connected Histories produziert diese Inhalte nicht selbst, sondern versucht schon bestehende digitale Bibliotheken zusammenzuführen, um ein möglichst umfassendes thematisches Angebot bieten zu können. Neben Primär- und Sekundärliteratur werden auch digitalisierte Zeitschriften und Zeitungen sowie historische Bilder angeboten. Die meisten Materialien sind frei verfügbar, einige nur durch Lizensierung erhältlich. Connected Histories wächst stetig.

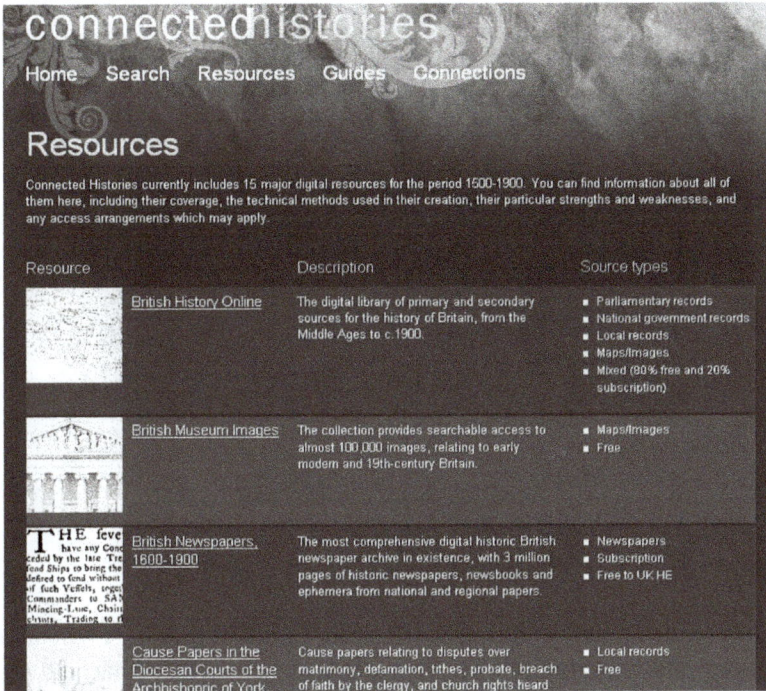

Abb. 36: Beschreibung der Teile von Connected Histories

Eine Suche kann gezielt nach bestimmten Ressourcen erfolgen, es kann jedoch auch zeitlich, thematisch oder regional nach Materialien recherchiert werden. Unter dem Menüpunkt „Guides" werden die Quellen zu thematischen Schwerpunkten des Angebotes diskutiert und Tipps zur weiteren Lektüre und Recherche gegeben.

2.4.3.5 American Memory

American Memory ist die digitale Bibliothek der Library of Congress in Washington. Schon in den neunziger Jahren wurde mit der Digitalisierung von Objekten begonnen, weshalb der Umfang der angebotenen Materialien bereits sehr groß ist. American Memory enthält vor allem Materialien (Texte, Bilder, Karten, Filme etc.) aus der Library of Congress und einigen Partnerinstitutionen. Gesammelt wird alles, was im weitesten Sinne für die Geschichte bzw. das „kulturelle Gedächtnis" der USA von Bedeutung ist. Daher stehen sehr unterschiedliche Sammlungen quasi „nebeneinander": Dokumente zum Konservativismus in den Vereinigten Staaten sind genauso als Sammlung zu finden wie Bücher zu Sonntagsschulen oder historische Coca-Cola-Werbefilme.

American
Memory

Abb. 37: American Memory, Sammlung: Zeitungen im 19. Jahrhundert

Einzelne Dokumente können Sie über die Sammlungen, die in thematischer oder alphabetischer Ordnung präsentiert werden, oder zeitlich bzw. regional gegliedert finden. Auch ein Eingabefeld kann zur Suche genutzt werden.

2.4.3.6 Gallica

Gallica

Gallica ist das Digitalisierungsprojekt der Bibliothèque Nationale de France in Paris (BNF), ebenfalls ein sehr früh begonnenes und daher sehr umfassendes Angebot. Digitalisiert werden Bücher und Zeitschriften, Karten, Bilder, Filme und Tonaufnahmen, vornehmlich aus der BNF, zu einem kleineren Teil aus anderen Institutionen. Gallica bietet sehr viele historisch relevante Materialien, ein deutlicher **Schwerpunkt liegt auf der Geschichte Frankreichs.**

Neben den vorgestellten für Historiker relevanten Einzelangeboten gibt es zunehmend Bemühungen, möglichst umfassende Digitale Bibliotheken zu gründen, in denen elektronische Texte aus unterschiedlichen Quellen und Ländern zusammengefasst werden und die damit einen zentralen Einstiegspunkt für die Suche nach elektronischer Literatur bieten.

2.4.3.7 World Digital Library

Ziel der **World Digital Library** ist, internationale Kulturgüter kostenfrei und multilingual für möglichst viele Menschen zugänglich zu machen.

World Digital Library

Die World Digital Library wurde von der UNESCO und der Library of Congress gegründet und wird heute von vielen Firmen, Bibliotheken, Archiven und anderen Institutionen aus vielen Teilen der Erde unterstützt. Die in der World Digital Library enthaltenen Materialien umfassen sowohl Texte als auch Bilder, Karten, Pläne oder Filme. Sie können alte Seekarten genauso darin finden wie eine der ältesten Aufnahmen der Marseillaise (1898), frühgeschichtliche Höhlenzeichnungen aus Südafrika oder die erste gedruckte Unabhängigkeitserklärung der Vereinigten Staaten von Amerika (1776). Die Materialien sind noch nicht umfangreich, jedoch in sehr guter Qualität digitalisiert und beschrieben.

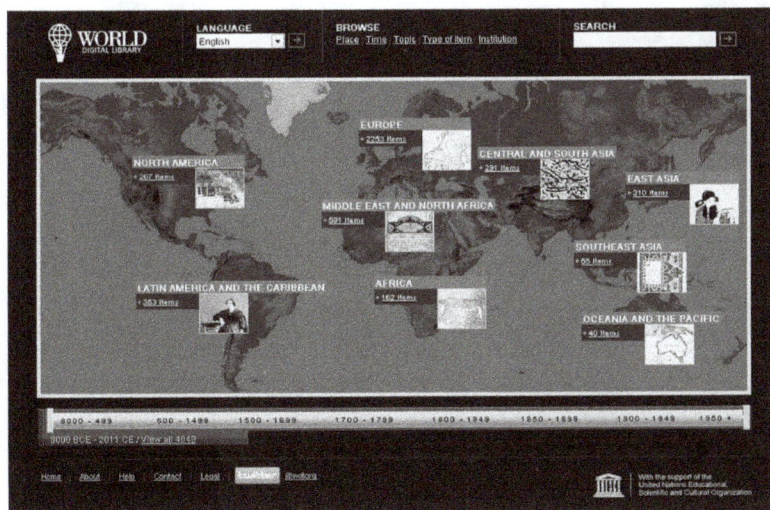

Abb. 38: World Digital Library: Anzeige der Dokumente nach Regionen

Die Recherchemöglichkeiten bedürfen kaum einer Erklärung: Sie können Materialien einer Region über die Suche auf einer Weltkarte, Digitalisate zu einer bestimmten Epoche mit Hilfe einer Zeitleiste oder Beiträge einer bestimmten Institution nach Institutionen sortiert suchen. Zusätzlich dazu sind eine Stichwortsuche sowie die Suche nach Themengebieten möglich.

2.4.3.8 Europeana

Europeana

Europeana hat auf europäischer Ebene das gleiche Ziel wie die World Digital Library, enthält jedoch sehr viel mehr Dokumente und ist daher für wissenschaftliche Recherchen deutlich besser geeignet. Das Portal wurde 2005 von der Europäischen Union in Zusammenarbeit mit der niederländischen Nationalbibliothek, der Koninklijke Bibliotheek, gegründet. Es hat zum Ziel, das europäische Kulturgut in seiner Vielfalt für möglichst viele Menschen digital zugänglich zu machen. In Europeana sind Archivalien, Museumsexponate, Texte aller Art sowie audiovisuelle Medien zu finden. Die Suchmöglichkeiten innerhalb Europeana sind eingeschränkt: Möglich ist eine einfache Suche, die dann mit der ersten Ergebnisanzeige per Drill Down Menü verfeinert werden kann. Die zeitlich bestimmte Suche anhand einer Zeitleiste ist ebenfalls möglich, zeigt aber nur einen kleinen Ausschnitt der vorhandenen Ressourcen.

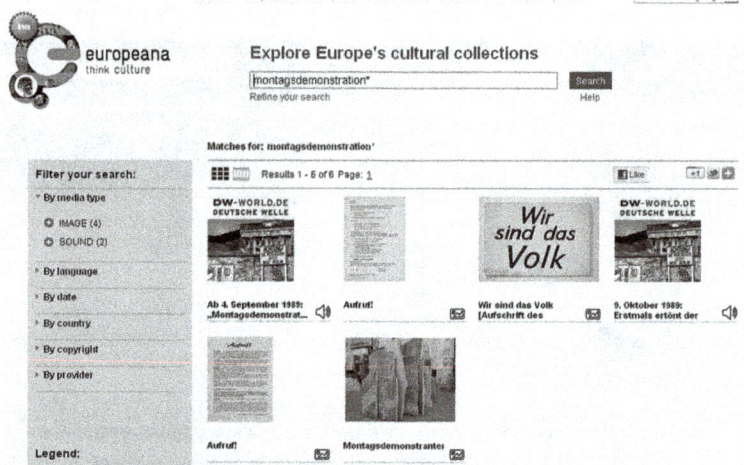

Abb. 39: Europeana: Suchergebnisse

Bei der Ergebnisanzeige kann schnell zwischen den Arten der angebotenen Materialien (Texte, Bilder, Tondokumente...) unterschieden werden.

Tipp

Europeana bietet auch virtuelle Ausstellungen zu wechselnden, oft kulturhistorischen Themen, z. B. „Hochzeiten in Ost-Europa" an.

2.4.3.9 Deutsche Digitale Bibliothek (DDB)

Als nationales Pendant zur World Digital Library und gleichzeitig als
deutscher Teil von Europeana wird derzeit die Deutsche Digitale Bibliothek als Projekt aufgebaut, das ebenfalls das Ziel verfolgt, wichtige
deutsche kulturgeschichtliche Zeugnisse möglichst vielen Menschen
kostenfrei zugänglich zu machen.

DDB

2.4.3.10 Zentrales Verzeichnis Digitalisierter Drucke (ZVDD)

Weil es lange Zeit lediglich verstreute Projekte zur Digitalisierung von
gedruckten Texten gab und ein gemeinsames Portal wie die geplante
Deutsche Digitale Bibliothek fehlte, begannen Bibliotheken 2005 mit
dem ZVDD ein zentrales Verzeichnis aller in Bibliotheken digitalisierten Drucke zu schaffen. Die im ZVDD verzeichneten und von dort aus
direkt aufrufbaren Digitalisate sind bisher in ca. 100 Sammlungen
verteilt, die zwischen einem und ca. 400 000 Dokumenten enthalten.
Viele diese Dokumente sind auch für Historiker wichtig, z. B. die Monumenta Germaniae Historica oder die Kabinettsprotokolle der Bundes-
regierung aus dem Bundesarchiv Koblenz. Trotzdem wird das ZVDD
seinem Namen noch nicht gerecht, da es nur einen (nicht allzu großen)
Teil der in Deutschland digitalisierten Drucke nachweist.

ZVDD

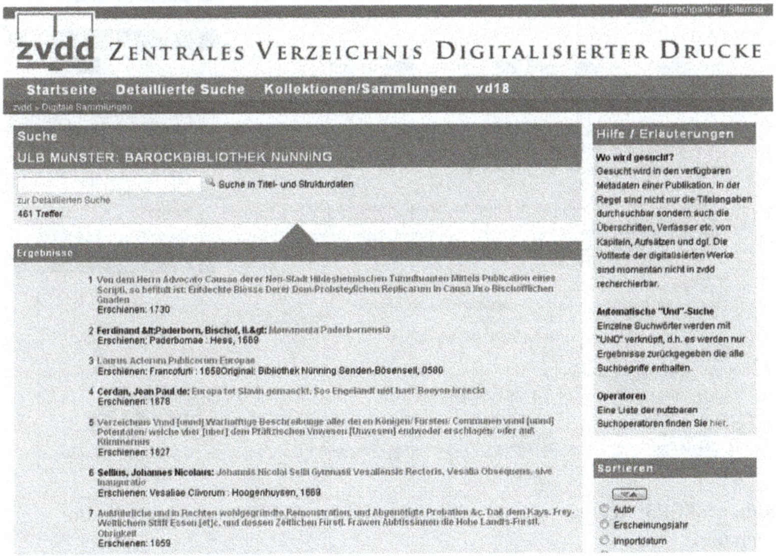

Abb. 40: ZVDD: Trefferanzeige: Barockbibliothek der ULB Münster

2.4.4 Hochschulschriftenserver

Immer mehr Universitäten bieten Ihren Hochschulangehörigen Plattformen zur Veröffentlichung ihrer Dissertationen, Habilitationen und z. T. auch anderer Qualifikationsarbeiten (z. B. Masterarbeiten) an, sogenannte **Repositories**.

Hinter der Einrichtung von Repositories steht die Idee, einerseits den Hochschulangehörigen die Möglichkeit zu geben, ihre Arbeiten kostenfrei oder kostengünstig zu veröffentlichen und auf der anderen Seite der Wissenschaft neue, mit öffentlichen Mitteln finanzierte Forschungsergebnisse kostenfrei zur weiteren Nutzung zur Verfügung zu stellen. Im geisteswissenschaftlichen Umfeld sind diese Dokumentenserver weniger verbreitet als in Universitäten mit naturwissenschaftlichem Hintergrund. Es gibt aber einige Universitäts-Repositories, die auch geschichtswissenschaftliche Dissertationen enthalten, darunter z. B. das der Freien Universität Berlin oder der Konstanzer Publikationsserver (KOPS).

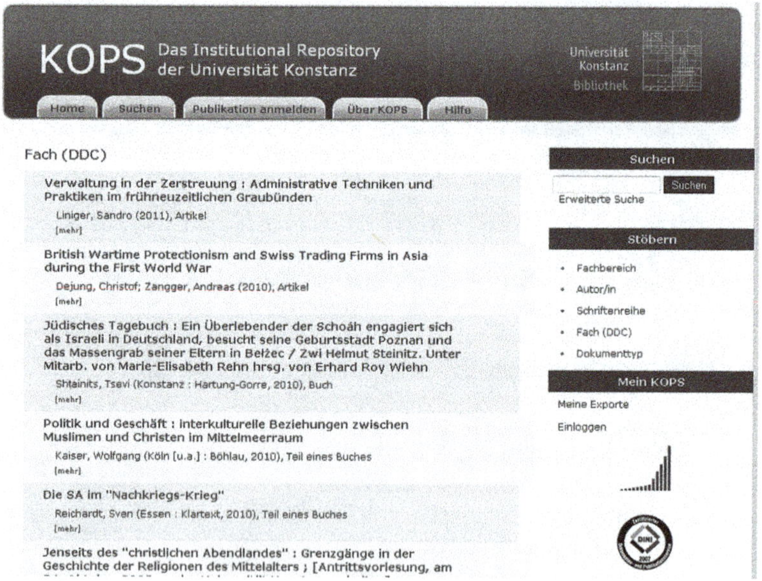

Abb. 41: KOPS: Neue geschichtswissenschaftliche Veröffentlichungen der Uni Konstanz

Neben Universitäten gibt es weitere wissenschaftliche Institutionen, die solche Publikationsserver zur Verfügung stellen. Für die Geschichtswissenschaften ist das 2008 gegründete Portal **perspectivia.net** von Bedeutung.

Perspectivia.net ist eine Plattform zu Veröffentlichung von Forschungsarbeiten der Institute der „Stiftung Deutscher Geisteswissenschaftlicher Institute im Ausland" (DGIA) und ihrer Kooperationspartner. Am Aufbau von perspectivia.net sind u. a. die Deutschen Historischen Institute (DHI) in Rom, Paris, London, Moskau, Warschau und Washington, die Stiftung Preußische Schlösser und Gärten in Brandenburg und das Orient Institut in Beirut beteiligt. Perspektivia.net bietet sowohl Online-Publikationen der beteiligten Institute unter einer multilingualen Oberfläche kostenfrei an als auch retrodigitalisierte Druckwerke, z. B. die Beihefte der vom DHI Paris herausgegebenen Zeitschrift „Francia". Unter dem Menüpunkt „Quellen und Datenbanken" wird eine Sammlung elektronischer Quelleneditionen aufgebaut. Die ersten dort veröffentlichten Quellen sind die privaten Rechnungsbücher, die sog. „Schatullbücher" Friedrichs des Großen.

Perspectivia.
net

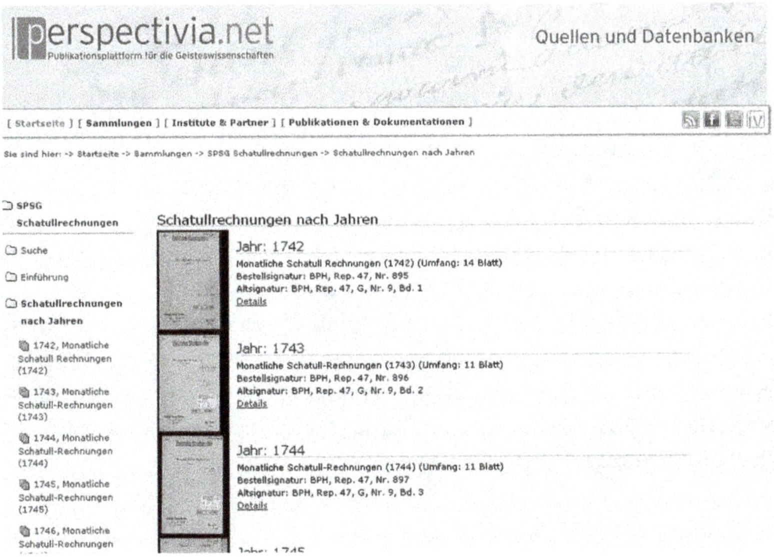

Abb. 42: Schatullbücher Friedrichs des Großen bei Perspectivia.net

2.4.5 Quelleneditionen online

Quellen sind die zentrale Grundlage für die Arbeit des Historikers, da sie Überlieferungen aus der Vergangenheit darstellen.

Werden Quellentexte unter inhaltlichen oder formalen Kriterien gesammelt, kommentiert, kontextualisiert und gedruckt oder elektronisch herausgegeben, liegt eine **Quellenedition** vor.

Gedruckte Quelleneditionen, die es als einzelne Bände zu bestimmten historischen Fragen oder als umfangreiche Quellensammlungen gibt, sind in Bibliotheken mit den gleichen Hilfsmitteln zu finden wie gedruckte Sekundärliteratur. Die Vorteile eines elektronischen Textes, vor allem die Durchsuchbarkeit des gesamten Textes, sind jedoch bei großen Quellensammlungen so deutlich, dass es wichtige Quelleneditionen zu allen historischen Epochen inzwischen auch oder ausschließlich in elektronischer Form gibt.

2.4.5.1 Library of Latin Texts

LLT

Die **Library of Latin Texts,** ist eine sehr umfassende Sammlung lateinischer Texte aller Genres von den Anfängen der lateinischen Literatur (Livius Andronicus, 240 v.Chr.) bis zum 2. Vatikanischen Konzil (1962–1965).

Die Library of Latin Texts besteht aus zwei Teilen. Series A (LLT-A) ist, finanziert als Nationallizenz durch die Deutsche Forschungsgemeinschaft, in jeder Bibliothek und für Privatpersonen nach Anmeldung frei zugänglich. Sie enthält lateinische Texte aller oben genannten Epochen, die aus der Editionstätigkeit des Centre Traditio Litterarum Occidentalium stammen. Sie finden darin die kompletten Werke Ciceros oder Vergils ebenso wie Texte Bernhards von Clairvaux und Dante Alighieris oder im neulateinischen Teil die Texte René Descartes. Series B besteht aus weiteren digitalisierten lateinischen Texten aus wissenschaftlichen Druckeditionen und muss von Bibliotheken zur Nutzung lizensiert werden.

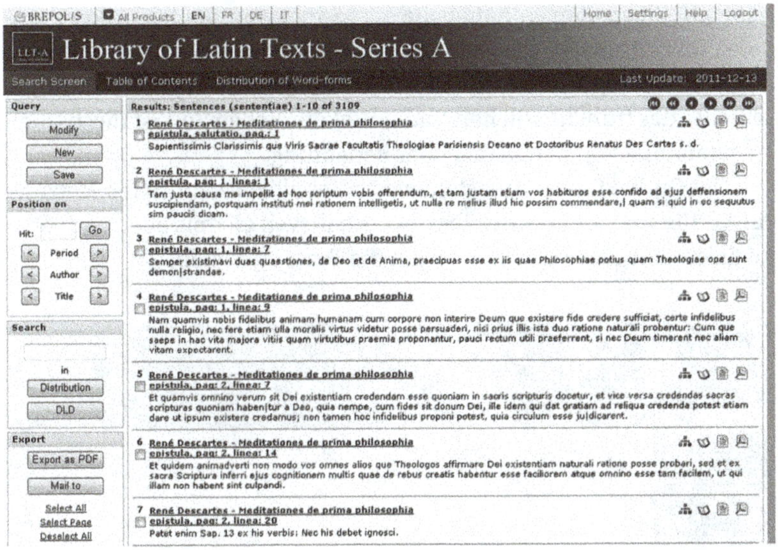

Abb. 43: LLT Series A: Kurztitelanzeige der Texte René Descartes

Die Suchoberfläche lässt komplexe Anfragen zu, Suchen nach Worten und Phrasen im Volltext sind genauso möglich wie die Suche nach Autoren, nach Identifikationsnummern lateinischer Texte, den sogenannten Clavis Nummern und nach Texten festgelegter Epochen. Die Möglichkeiten der Analyse und Weiterverarbeitung der gefundenen Texte sind ebenfalls vielfältig.

Nutzen Sie den umfassenden Hilfetext, der gleichzeitig eine Einführung in die LLT darstellt. **Tipp**

2.4.5.2 Acta Sanctorum

Die **Acta Sanctorum** wurden über einen Zeitraum von über 300 Jahren von der von dem Hagiographen Johannes Bolland gegründeten Arbeitsgruppe der Bollandisten gesammelt und veröffentlicht. **Acta Sanctorum**

Es handelt sich bei den **Acta Sanctorum** um eine sehr umfassende Textsammlung zu historisch belegten Heiligen der katholischen Kirche sowie des griechischen, syrischen, arabischen, koptischen, armenischen, georgischen, slawischen und keltischen Kalenders.

Der Online Datenbank liegt eine 68-bändige Druckausgabe zugrunde, in der die Heiligen in der Reihenfolge ihrer Jahrestage aufgeführt sind.

Neben Heiligenviten enthalten die Acta Sanctorum auch eine Reihe anderer Textgattungen, z. B. Prokonsularakten oder Kalendarien. Sowohl für die Kirchengeschichte als auch für die allgemeine und die Kulturgeschichte der frühchristlichen und mittelalterlichen Zeit ist diese Quellensammlung von herausragender Bedeutung.

Die Online Datenbank steht als Nationallizenz zur freien Nutzung zur Verfügung. Sie können über das Inhaltsverzeichnis aber auch über Register oder eine Sucheingabe auf die Texte zugreifen.

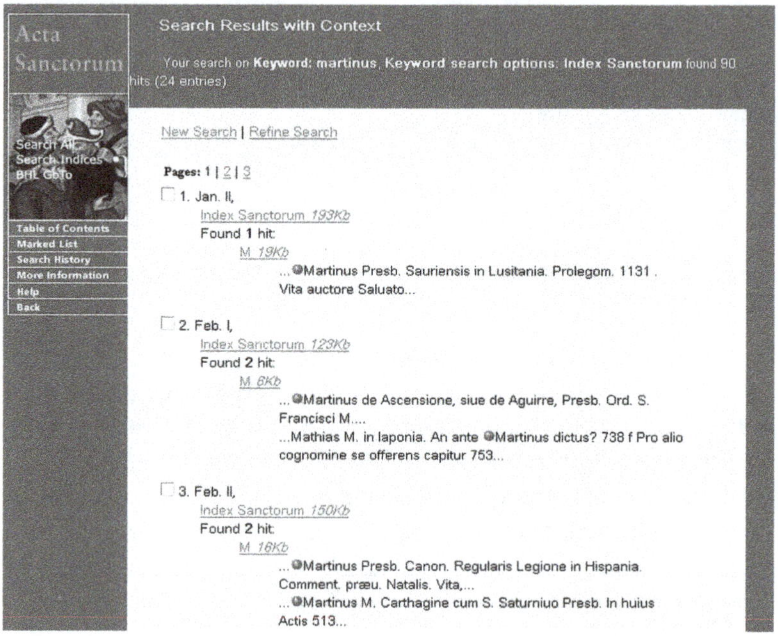

Abb. 44: Acta Sanctorum: Index Sanctorum

2.4.5.3 Patrologia Graeca/Patrologia Latina

Patrologia Graeca/ Patrologia Latina

Die **Patrologia Graeca** und die **Patrologia Latina** sind zwei sehr umfangreiche Sammlungen von Texten kirchlicher Schriftsteller, die Jacques Paul Migne im 19. Jahrhundert als Druckausgaben herausgegeben hat.

Die beiden Quellensammlungen sind vor allem wegen ihres Umfanges (161 und 217 gedruckte Bände) noch heute für die Kirchengeschichte und die Mediävistik von Bedeutung, auch wenn viele der enthaltenen Texte heutigen Editionsansprüchen nicht mehr entsprechen.

Beide Druckausgaben stehen Ihnen auch als Datenbanken zur Verfügung, allerdings von verschiedenen Anbietern und daher auch mit unterschiedlichen Rechercheoberflächen. Die Patrologia Graeca können Sie in Deutschland aufgrund der Finanzierung als nationale Lizenz kostenfrei nutzen. Sie wurde von einem französischen Verlag aufwändig digitalisiert und erschlossen und bietet zahlreiche Recherchemöglichkeiten und Indizes.

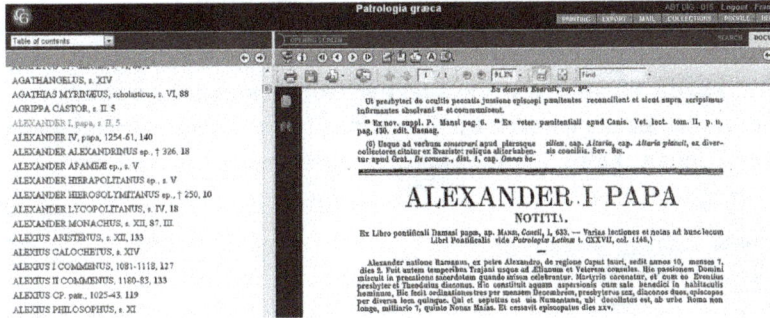

Abb. 45: Patrologia Graeca: Autorenregister und Anzeige eines Dokumentes

Die Patrologia Latina ist als Datenbank lediglich in Bibliotheken, die eine Lizenz erworben haben, zu nutzen.

2.4.5.4 Monumenta Germaniae Historica (MGH)

Die Sammlung der **Monumenta Germaniae Historica** ist sicherlich die bekannteste und bedeutendste Edition von Quellen zur mittelalterlichen Geschichte des Heiligen Römischen Reiches Deutscher Nationen.

MGH

Sie wurde 1819 vom Reichsfreiherrn vom Stein begründet und wird heute noch von der gleichnamigen Institution fortgeführt, die auch Sekundärliteratur sowie wissenschaftliche Zeitschriften (z. B. das Deutsche Archiv des Mittelalters) publiziert. Es werden vor allem Texte aus den Jahren 500–1500 n. Chr. aufgenommen, allerdings finden sich in der MGH auch frühere oder spätere Quellen.

Die MGH als Gesamtwerk ist in fünf Hauptreihen unterteilt, in denen jeweils unterschiedliche Textgattungen ediert werden:

– I. **Scriptores:** narrative Texte, z. B. Annalen oder Viten
– II. **Leges:** Gesetzestexte, z. B. Editionen von Volkstexten
– III. **Diplomata:** Urkunden

- IV. **Epistolae**: Briefe
- V. **Antiquitates**: Dichtung und Gedenküberlieferung

Diese fünf Reihen unterteilen sich wiederum in einige Unterreihen. Neben den fünf großen Reihen gibt es einige kleinere wie z. B. die „Quellen zur Geistesgeschichte des Mittelalters".

In einem Gemeinschaftsprojekt der MGH mit der Bayerischen Staatsbibliothek wird die Druckausgabe seit 2004 digitalisiert. Auf diese Weise entsteht die **d[igitale]MGH.** Neu erscheinende Bände werden jeweils drei Jahre nach ihrem Erscheinen als gedruckter Band (Moving Wall) in die digitale Ausgabe integriert. Alle Texte sind als Volltext erfasst. Die Recherche nach Quellen kann sowohl über die Abteilungen und Bände der MGH als auch über eine Suchmaske erfolgen.

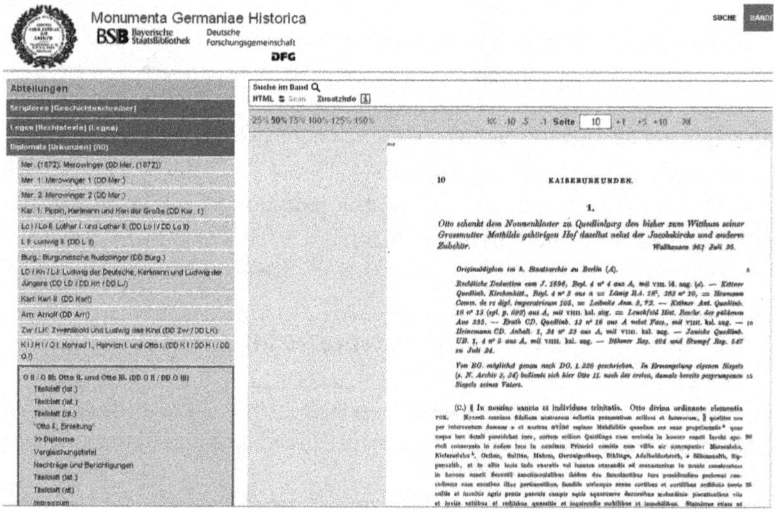

Abb. 46: dMGH: Textanzeige und Navigationsleiste

Die Digitalisierung der Indexbände der MGH und das dadurch entstehende Angebot der **Indices tomorum Monumentorum Germaniae Historicorum (iMGH)** bieten einen weiteren Zugang zu den Einzeltexten der MGH. Die iMGH enthält auch eine „Datenbank mittelalterlicher Ortsnamen und ihrer Entsprechungen", deren Inhalte von jedem Nutzenden erweitert werden können. Die Besonderheit der Ortsnamendatenbank ist deren Verknüpfung mit Geokoordinaten, so dass die gefundenen Orte sich auf einer Landkarte anzeigen lassen.

2.4.5.5 The Making of the Modern World

Bei der Quellensammlung **The Making of the Modern World** handelt es sich um eine umfassende Sammlung ökonomischer Literatur von ca. 1450 bis ca. 1850.

Making of the Modern World

Die enthaltenen Quellen sind vor allem für die Wirtschafts-, Politik- und Sozialgeschichte dieser Zeit von Bedeutung, ein inhaltlicher Schwerpunkt der Datenbank liegt auf der Zeit der Industrialisierung in England und dem dadurch bedingten sozialen Wandel. Die Datenbank ist durch eine Nationallizenz überall in Deutschland frei verfügbar. „The Making of the Modern World" wird in einem zweiten, erheblich weniger umfassenden Teil, der die Zeit von 1851 bis 1914 umfasst, fortgesetzt.

2.4.5.6 Eighteenth Century Collections Online (ECCO)

Eigtheenth Century Collection Online ist eine Sammlung von Texten aus dem 18. Jahrhundert.

ECCO

ECCO enthält Texte aus allen Fachgebieten. Der überwiegende Teil der digitalisierten Werke wurde in Großbritannien gedruckt und ist daher englischsprachig, die Sammlung enthält allerdings auch einige Titel in anderen Sprachen. Es besteht über die Eighteenth Century Collection, die ebenfalls durch eine Nationallizenz überall in Deutschland kostenlos benutzbar ist, außerdem Zugang zu Zusatzmaterialien wie einführender Sekundärliteratur, einer Chronologie des 18. Jahrhunderts und einigen Bildern.

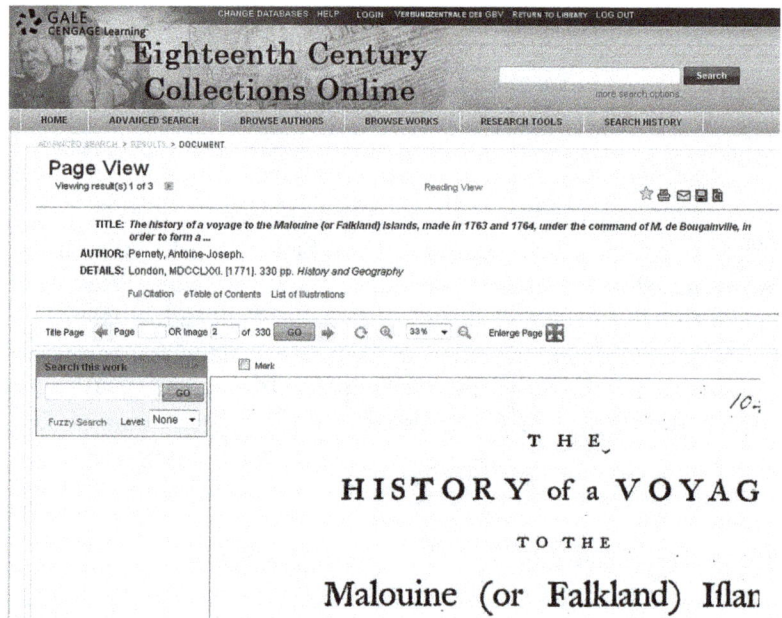

Abb. 47: Digitalisierter Reisebericht in ECCO

2.4.5.7 Electronic Enlightenment (EE)

EE

Briefsammlungen bieten einen guten Einblick in die Alltags- und Kulturgeschichte einer Zeit und geben Auskunft über die Lebensumstände der Korrespondierenden.

Mit der Quellenedition **Electronic Enlightenment** ist die Korrespondenz von über 7100 Personen des frühen 17. bis zur Mitte des 19. Jahrhunderts in elf verschiedenen Sprachen elektronisch verfügbar gemacht worden.

Bei den veröffentlichten Briefen handelt es sich sowohl um vorher bereits im Druck erschienene als auch um neu und damit ausschließlich elektronisch edierte Dokumente. Zusätzlich zu den Dokumenten bietet Electronic Enlightenment biographische Informationen zu den korrespondierenden Personen, Links zu einigen Lexika, Karten, Unterrichtsmaterial für Lehrende und mit dem Coffee-house eine Möglichkeit der Diskussion und Kommentierung enthaltener Werke. EE ist eine lizenzpflichtige Datenbank.

2.4.5.8 Nationalsozialismus, Holocaust, Widerstand und Exil 1933–1945

Im Rahmen der online erscheinenden Reihe „*Deutsche Geschichte im 20. Jahrhundert*" erschien 2006 im De Gruyter Verlag die lizenzpflichtige Quellensammlung „Nationalsozialismus, Holocaust, Widerstand und Exil". Die Datenbank enthält umfangreiche Primärliteratur zu den im Titel genannten Themen. Unter anderem sind folgende Dokumentarten enthalten:

National-
sozialismus,
Holocaust,
Widerstand
und Exil
1933–1945

- Sachakten mit Schriftwechseln aus den obersten Behörden des ‚Dritten Reiches', insbesondere aus der Parteikanzlei der NSDAP
- Reden, Schriften und Anordnungen Hitlers
- die Tagebücher von Joseph Goebbels
- Stimmungs- und Lageberichte des Geheimen Staatspolizeiamts aus dem Reich und aus den angegliederten und besetzten Gebieten
- Anklageschriften und Urteile des Volksgerichtshofes
- Ausbürgerungs- und Deportationslisten
- oppositionelle Tarnschriften

Ergänzende Materialien, wie einführende Texte, Statistiken und biographische Artikel unterstützen die Quellenarbeit. Alle Texte sind im Volltext durchsuchbar und durch mehrere Indizes (Personen-, Sach- und Ortsindex) erschlossen.

2.4.6 E-Books

Der Begriff E-Book ist ein noch recht vager Begriff.

Es kann sich bei **E-Books** um die elektronische Variante eines gedruckten Buches oder um ein ausschließlich elektronisch vorliegendes Buch handeln.

Bisher wird in E-Books oft noch versucht, gedruckte Bücher nachzuempfinden, d. h. das Aussehen eines Buches bleibt weitgehend erhalten, die Seiten in einem elektronischen Buch werden „umgeblättert", es sind ein Deckblatt und ein Inhaltsverzeichnis vorangestellt etc. Auf der anderen Seite weisen E-Books auch spezielle Vorteile auf, die nur elektronische Texte mit sich bringen können: die *Analyse- und Suchmöglichkeiten* sind umfassender und schneller realisierbar als bei gedruckten Büchern, die Bücher können *interaktiv gestaltet* werden, d. h. es können Links zu Verweisungen oder anderen Dokumenten genutzt werden, elektronische Texte können *multimediale Elemente* wie

z. B. bewegte Graphiken enthalten und Textteile können *elektronisch kopiert und weitergenutzt* werden. Für das Lesen eines E-Books ist ein Lesegerät notwendig, das kann ein speziell dafür hergestelltes Gerät sein, ein E-Book-Reader, es kann sich aber z. B. auch um ein Notebook, Tablet Computer oder ein I-Phone handeln.

E-Books werden heute sowohl als Einzelwerke als auch als große Sammlungen elektronischer Texte (E-Book-Pakete) von vielen Verlagen online über sogenannte E-Book-Plattformen vertrieben.

In der Geschichtswissenschaft spielen E-Books zur Verbreitung und Rezeption wissenschaftlicher Forschungsergebnisse eine vergleichsweise geringe Rolle. E-Books, die ausschließlich als E-Book ohne gedruckte Parallelausgabe erscheinen, sind eher selten. Größere Sammlungen geschichtswissenschaftlicher Texte (als Variante zur Druckausgabe) finden sich z. B. in folgenden E-Book-Angeboten:

- **Cambridge Histories Online:** Diese lizenzpflichtige E-Book-Sammlung enthält Texte zu 15 verschiedenen Fachgebieten mit einem Schwerpunkt auf den Geschichtswissenschaften. Die E-Books sind die elektronische Variante der seit den 1960er Jahren erschienenen gedruckten Bänden der Reihe „Cambridge Histories".
- **Oxford Scholarship Online History:** Die Sammlung umfasst die Forschungsliteratur des Verlages Oxford University Press zu 18 verschiedenen Fachgebieten, darunter die Geschichtswissenschaft.
- **ACLS Humanities E-Books:** Die ACLS E-Books sind eine geisteswissenschaftliche E-Book-Sammlung mit historischem Schwerpunkt, die vom American Council of Learned Societies (ACLS) herausgegeben und von vielen Bibliotheken, Verlegern und wissenschaftlichen Gesellschaften in Zusammenarbeit erstellt wird. Auch in dieser Sammlung finden sich vor allem E-Books, die bereits einen gedruckten „Vorgänger" haben.
- **Digi20:** Digi20 bietet E-Books (als nachträgliche Digitalisierung der Druckausgabe) der Verlage Vandenhoeck & Ruprecht, Wilhelm Fink, Ferdinand Schöningh sowie Otto Sagner zum Fach Geschichte und anderen geisteswissenschaftlichen Fachrichtungen kostenfrei an. Möglich ist ein solches Angebot durch die Zusammenarbeit von Bayerischer Staatsbibliothek und Verlagen sowie die Finanzierung des Vorhabens durch die Deutsche Forschungsgemeinschaft. Das Angebot wird kontinuierlich erweitert: gedruckte Werke der kooperierenden Verlage werden mit einer Verzögerung von drei bis fünf Jahren nach ihrem Erschienen als kostenfreies E-Book über Digi20 angeboten. Die Recherchemöglichkeiten sind sehr umfassend und selbsterklärend.

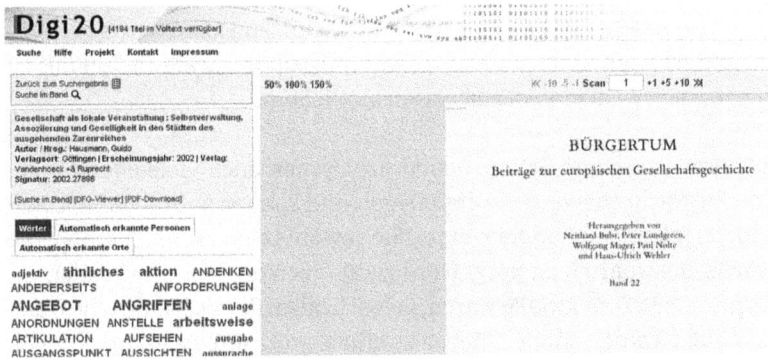

Abb. 48: Titelblatt eines E-Books in Digi 20

2.5 Nachschlagewerke

Sowohl für das Studium der Geschichtswissenschaften als auch für die historische Forschung sind Nachschlagewerke ein nützliches Hilfsmittel, um z. B. schnell einen Überblick über ein neues Thema zu erhalten (Handbücher), um Begrifflichkeiten zu klären (Enzyklopädien) oder um Informationen zu einer Person zu erhalten (biographische Nachschlagewerke).

Gedruckte Nachschlagewerke fand und findet man in großer Zahl in wissenschaftlichen Bibliotheken, allgemeine Nachschlagewerke, biographische Nachschlagewerke und Wörterbücher haben meist einen eigenen Platz in Bibliotheken und nehmen z. T. umfangreiche Teile eines Lesesaals ein. Die fachlichen Nachschlagewerke und Handbücher sind in der Regel bei den Büchern des jeweiligen Faches zu finden. Die Nutzung und demzufolge auch die Erscheinung gedruckter Enzyklopädien und Wörterbücher ist jedoch sehr zurückgegangen, da die **Vorteile des elektronischen Publizierens** bei Nachschlagewerken besonders deutlich sind:
- Elektronische Nachschlagewerke sind **gut aktualisierbar,** ohne dass alle zwanzig Jahre eine umfangreiche Neuauflage gedruckt werden muss,
- Sie können von **mehreren Personen an unterschiedlichen Orten gleichzeitig genutzt** werden,
- die **Recherchemöglichkeiten** beschränken sich nicht auf die alphabetische Reihenfolge von Stichworten, auch thematische Suchen sind möglich,
- es können **Querverbindungen und Verweise durch Links** und Zusatzmaterialien geschaffen werden,

- die **Nutzer** eines Lexikons können in einigen Fällen daran **mitarbeiten** und auf diese Weise ein Lexikon erweitern und mit ihrem jeweiligen Spezialwissen anreichern.

Aus den genannten Gründen sind inzwischen auch viele ehemals gedruckte Nachschlagewerke digitalisiert und können online genutzt werden. Im folgenden Kapitel können Sie sowohl Lexika kennenlernen, die bereits elektronisch angelegt wurden, als auch digitalisierte Lexika, die ursprünglich Druckwerke waren. Selbst Lexika, die als historische Quelle genutzt werden können, liegen zu einem großen Teil elektronisch vor.

2.5.1 Universallexika

2.5.1.1 Wikipedia

Wikipedia

WIKIPEDIA
Die freie Enzyklopädie

Wikipedia, die 2001 gegründete frei nutzbare Online-Enzyklopädie, an der sich jeder beteiligen kann, besteht im deutschsprachigen Bereich bereits aus 1,3 Millionen Artikeln, das entspräche mehr als 600 gedruckten Bänden.

Wikipedia ist in über 270 Sprachversionen zu nutzen. Die englischsprachige Wikipedia ist die größte Ausgabe. Obwohl jeder Nutzer der Wikipedia Einträge schreiben oder verändern kann, bleibt die Qualität nicht, wie zu Gründungszeiten von vielen Seiten befürchtet, hinter der redaktionell überprüfter Lexika zurück.

Neben der gezielten Suche nach einzelnen Fakten und Sachverhalten können Sie Wikipedia auch über einen systematischen Einstieg nutzen. Die Sachsystematik der Wikipedia, die Sie über die Startseite unter „Artikel nach Kategorien" finden, hat 33 Hauptkategorien, von denen eine die „Geschichte" ist, die sich in acht Unterkategorien teilt, die sich dann wiederum aufteilen. Neben der Sachsystematik bietet Wikipedia eine weitere zeitliche und eine räumliche Systematik zur Suche an.

Die „Themenportale" der Wikipedia bieten einen Überblick über die wichtigsten enthaltenen Artikel zu einem größeren Themenkomplex.

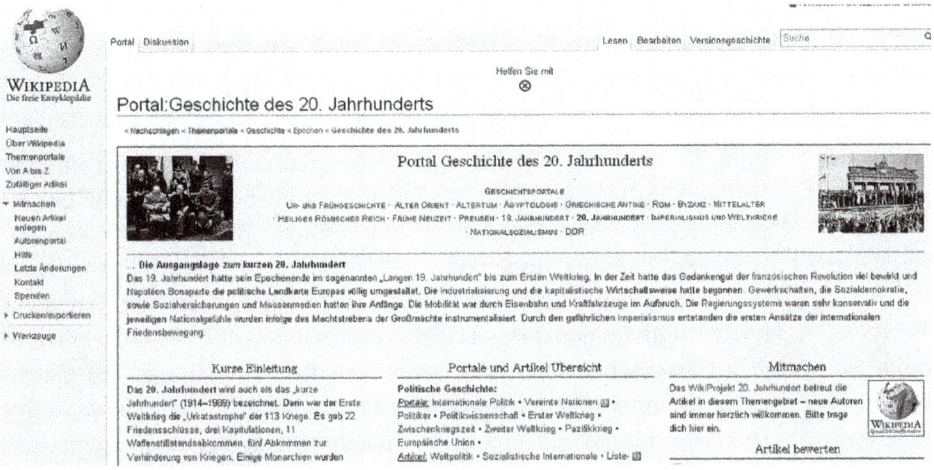

Abb. 49: Wikipedia Portal zur Geschichte des 20. Jahrhunderts

Zur Geschichte gibt es sowohl epochale Themenportale (Vor- und Frühgeschichte, Altertum, Mittelalter, ...) als auch Portale zu einzelnen historischen Themen (z. B. der Hanse, der DDR oder der Numismatik). Schon an der Auswahl der Themenportale mit historischem Fokus ist zu erkennen, dass unterschiedliche Themen in unterschiedlicher Tiefe und Ausführlichkeit behandelt werden, je nach Interesse und Wissen des Artikelverfassenden.

Die nach Jahrhunderten geordnete Historikerliste der deutschsprachigen Wikipedia **Tipp**
ist umfangreich und informativ!

2.5.1.2 Weitere moderne Universallexika

Herausragende Beispiele für wissenschaftliche Universallexika sind die **Brockhaus Enzyklopädie** sowie die **Encyclopaedia Britannica.** Beide Enzyklopädien haben eine lange Tradition als umfangreiche Druckwerke und sind als Verlagsprodukte auch in ihrer Online-Ausgabe kostenpflichtig. Die Artikel entstehen in Zusammenarbeit vieler namhafter Wissenschaftler mit einem Redaktionsteam. Die Online-Versionen beider Enzyklopädien bieten sehr gute Suchmöglichkeiten sowie umfangreiche Zusatzmaterialien wie Filme, interaktive Landkarten oder Globen und Bild- oder Tondokumente.

2.5.2 Historische Universallexika

Historische Lexika transportieren die Vorstellungen, den Wissensstand und die wissenschaftlichen Standards der Zeit, in der sie entstanden sind. Sie sind daher gerade für wissenschaftshistorische Fragen eine interessante Quelle. Nicht wenige herausragende historische Lexika sind daher bereits digitalisiert und können online genutzt werden. Dazu gehören unter anderem:

Zedlers Universallexikon: Das von Johannes Heinrich Zedler initiierte und in den Jahren 1731–1754 entstandene „Grosse vollständige Universal-Lexicon aller Wissenschaften und Künste" ist gleichzeitig die umfangreichste (68 Bände) europäische Enzyklopädie des 18. Jahrhunderts und das erste bedeutende deutsche Universallexikon.

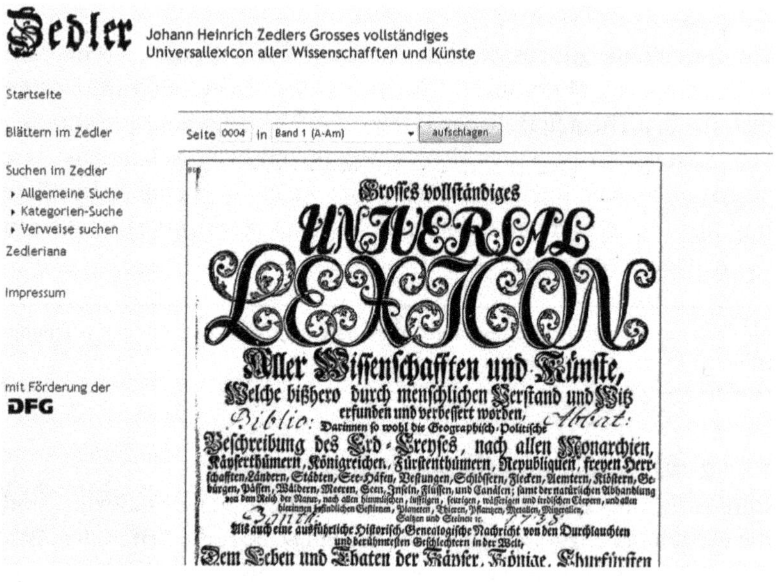

Abb. 50: Zedler online

Es wurde schon zwischen 1999–2011 von der Bayerischen Staatsbibliothek digitalisiert und steht seitdem kostenfrei zur Nutzung zur Verfügung. Da die Seiten als digitale Bilder vorliegen, ist eine Suche im Volltext der Artikel nicht möglich, gesucht werden kann nach Stichworten oder in nachträglich geschaffenen thematischen Kategorien.

Die **Allgemeine Encyclopädie der Wissenschaften und Künste:** Diese riesige Enzyklopädie, die zu Beginn des 19. Jahrhundert begonnen und 1889 nach Band 168 bei „Phyxius" abgebrochen wurde, liegt seit 2003 als digitalisierte frei nutzbare Image-Fassung vor.

Bei **„Zeno.org"** finden Sie sieben digitalisierte historische Lexika, die Sie kostenfrei online nutzen können:

- Das **Conversations-Lexikon** oder kurzgefasstes Handwörterbuch (1. Aufl. 1809–1811)
- Das **Damen Conversations Lexikon** (1834–1838)
- Das **Bilder-Conversationslexikon** (1. Aufl. 1837–1841)
- **Herders Conversations-Lexikon** (1. Aufl. 1854–1857)
- **Pierer's Universal-Lexikon** (4. Aufl. 1857–1865)
- **Brockhaus Kleines Konversations-Lexikon** (5. Aufl. 1911)
- **Meyers großes Konversationslexikon** (6. Aufl. 1905–1909)

Die aufgezählten Lexika sind alle im Volltext durchsuchbar und durch vielfältige Suchmöglichkeiten erschlossen.

Die **Encyclopaedia Britannica** von 1911, die mit 29 Bänden als die „klassische" Ausgabe der Encyclopaedia Britannica gilt, ist ebenfalls frei online verfügbar und alphabetisch oder über Sachgruppen durchsuchbar.

2.5.3 Moderne geschichtswissenschaftliche Lexika

Mithilfe moderner Lexika für Historiker sind schnelle aber dennoch wissenschaftlich fundierte Informationen zu speziellen Fragen erhältlich. Die beiden herausragenden Lexika der Geschichtswissenschaften, der Neue Pauly für die Alte Geschichte und das Lexikon des Mittelalters liegen inzwischen auch elektronisch vor.

2.5.3.1 Der Neue Pauly

Der **Neue Pauly** ist ein Standardnachschlagewerk zum klassischen Altertum mit einem besonderen Schwerpunkt auf der in den letzten Jahrzehnten intensiv erforschten Rezeptionsgeschichte des Altertums.

Der Neue Pauly

Er basiert auf mehreren Vorgängern völlig unterschiedlichen Umfangs und wurde von 1996 bis 2003 als 19-bändige Druckausgabe herausgeben. Heute liegen sowohl die Druckausgabe als auch eine lizenzpflichtige Onlineausgabe vor. In der Onlineausgabe fehlen allerdings die sechs Supplementbände, die seit 2004 ergänzend erschienen sind,

u. a. eine Chronologie antiker Herrscherdynastien sowie ein Atlas der antiken Welt.

Abb. 51: Der Neue Pauly: Anzeige eines Artikels

Die Suche im elektronischen Pauly kann wie im gedruckten Lexikon über ein alphabetisches Verzeichnis oder durch eine Sucheingabe und die Suche im Volltext der Artikel erfolgen. Die Texte können Sie wahlweise in der englischen oder deutschen Version lesen.

2.5.3.2 Das Lexikon des Mittelalters (LexMA)

LexMA

Das **Lexikon des Mittelalters** gilt seit seinem Erscheinen in den Jahren 1977 bis 1999 als das deutschsprachige Nachschlagewerk zur mittelalterlichen Forschung. Es deckt Fragen der Mediävistik von der Spätantike (ca. 300 n. Chr.) bis 1500 n. Chr. ab.

Wie die meisten Bibliographien zum Mittelalter ist das LexMA thematisch nicht auf die politische Geschichte festgelegt, sondern bezieht unter anderem auch die mittelalterliche Kunst, die Gesellschaft, das Recht und die Literatur mit ein. Geographisch liegt ein Schwerpunkt auf Europa, aber auch Nordafrika, der Nahe Osten, Byzanz, und die arabische Welt werden mit berücksichtigt.

Die lizenzpflichtige Online Ausgabe wird zusammen mit der *International Encyclopedia for the Middle Ages (IEMA)* angeboten, eines Supplements des LexMAs, das jährlich ergänzt und aktualisiert wird. Die Artikel des Supplements sind in englischer Sprache verfasst.

Abb. 52: Artikel in der Online-Ausgabe des LexMA

Die Suche kann alphabetisch, per englischer oder deutscher Suchwort-
eingabe aber auch nach Autoren oder Fachgebieten erfolgen. Da die
Online Ausgabe des LexMa vom Verlag Brepols angeboten wird, der
auch die einschlägigen Bibliographien und weitere mediävistische
Fachdatenbanken anbietet, können Sie, wenn Ihre Bibliothek alle
diese Datenbanken lizensiert hat, die Suche nach lexikalischen Informationen mit der Suche nach zugehöriger Literatur verbinden. Es ist
dadurch z. B. möglich nach der Lektüre eines Artikels über Karl den
Großen Literatur über diesen Herrscher anzeigen zu lassen.

Über diese beiden Angebote hinaus gibt es eine steigende Zahl Verlage, die ihre Online Nachschlagewerke in Portalen bündelt und zur Lizensierung anbietet. Innerhalb solcher Angebote, wie z. B. dem Portal
Oxford Reference Online des Verlages Oxford University Press finden
sich auch Nachschlagewerke zur Geschichte.

2.5.4 Biographische Nachschlagewerke

Die Suche nach biographischen Informationen ist für die Untersuchung historischer Fragen immer wieder unumgänglich. Daher gibt
es schon seit langer Zeit Nachschlagewerke, die die Lebensdaten und
eine Kurzbiographie einer Auswahl von Persönlichkeiten eines Landes, einer Region, oder einer auf andere Weise definierten Gruppe von
Menschen, z. B. Historiker, enthalten. Auch für die biographischen

Nachschlagewerke, manchmal „Biographien" genannt, liegen die Vorteile der Online-Nutzung (Schnelligkeit, Verlinkungen, Nutzung vom heimischen Arbeitsplatz aus) auf der Hand – einige umfassende Nachschlagewerke sind daher digitalisiert.

2.5.4.1 World Biographical Information System (WBIS)

WBIS

Das **World Biographical Information System Online** umfasst Kurzbiographien oder biographische Daten zu mehr als 13 Millionen Personen.

Die Informationen stammen aus zahlreichen Nachschlagewerken, die vom 16. bis zum Beginn des 21. Jahrhunderts in über 40 Ländern der Welt erschienen sind. Bereits vor den Möglichkeiten der Online-Nutzung solcher Nachschlagewerke wurden biographische Artikel aus vielen gedruckten biographischen Nachschlagewerken weltweit zusammengefasst und in großen Gesamtverzeichnissen nach Ländern geordnet – auf Mikrofiches – publiziert. WBIS basiert auf der Digitalisierung dieser Archive. Die vom Verlag De Gruyter angebotene und aufgrund einer Nationallizenz frei benutzbare Datenbank wird durch die Einbeziehung weiterer biographischer Materialien noch erweitert.

Eine Suche ist in den biographischen Archiven einzelner Länder aber auch im Gesamtbestand durchführbar.

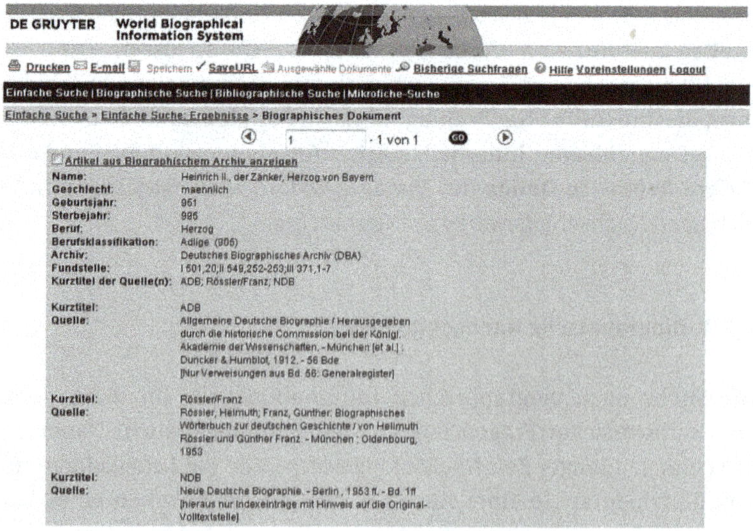

Abb. 53: WBIS; Eintrag mit Link zum Artikel im biographischen Archiv

Als Ergebnis einer Suche werden entweder der vollständige biographische Artikel mit den Angaben der Quelle, aus der er stammt oder lediglich Lebensdaten und Kurzinformationen mit dem Hinweis auf das Werk, in dem sich weitere Informationen finden, angezeigt. Die Ausführlichkeit des Fundes hängt vom jeweiligen Ursprung der in WBIS zusammengefassten Daten ab.

WBIS ist ein idealer Einstieg in die Suche nach biographischen Informationen zu **Tipp** Personen aus aller Welt!

2.5.4.2 Nachschlagewerke zu Personen des deutschen Sprachraumes

Umfangreiche biographische Lexika sind im deutschsprachigen Bereich die **Allgemeine Deutsche Biographie (ADB)** und die **Neue Deutsche Biographie (NDB).**

Die **ADB** verzeichnet Personen, deren Todesjahr vor 1900 liegt. In der **NDB**, an der noch einige Jahre gearbeitet werden wird, sind Persönlichkeiten seit dem Mittelalter berücksichtigt. In beiden Biographien werden Menschen des deutschen Sprachraumes aus allen Bereichen des öffentlichen Lebens beschrieben.

ADB und NDB sind als Druckausgabe angelegt, wurden aber – soweit bereits vollendet – digitalisiert und stehen zusammen mit dem **Österreichischen Biographischen Lexikon 1815–1950 (ÖBL)** und dem **Historischen Lexikon der Schweiz,** die beide ebenfalls noch nicht abgeschlossen sind, im **Biographie Portal** zur Suche zur Verfügung.

Das Portal wird von der Bayerischen Staatsbibliothek in Zusammenarbeit mit weiteren wissenschaftlichen Institutionen angeboten und soll stetig um weitere regionale Nachschlagewerke erweitert werden. Das kumulierte Gesamtregister aller Biographien kann nach Namen, Geburts- oder Sterbejahren sowie Berufsangaben durchsucht werden. Von der Trefferliste aus kann man mit wenigen Klicks zu den Vollansichten der jeweiligen Lexika gelangen.

Biographie-Portal

Abb. 54: Biographie Portal: Trefferliste mit Link zu den biographischen Lexika

Die **Deutsche Biographische Enzyklopädie,** angeboten ebenfalls sowohl als Druckausgabe als auch als elektronische Ausgabe, enthält Artikel zu mehr Personen, dafür aber kürzere Beiträge.

2.5.4.3 Historikerverzeichnisse

Manchmal sind Informationen zu Historikern nützlich, um die jeweiligen Arbeiten besser einordnen zu können oder um herauszufinden, wo und von wem bestimmte Themenschwerpunkte gepflegt werden. An dieser Stelle seien exemplarisch drei der zahlreichen Historikerverzeichnisse genannt.

– Innerhalb des Online Lexikons **Wikipedia** finden sich ausführliche nach Jahrhunderten geordnete **Historikerlisten** mit biographischen und teilweise darüber hinausgehenden Informationen. In der deutschen Wikipedia überwiegen in diesen Listen die Historiker des deutschen Sprachraumes, einflussreiche Historiker anderer Nationen sind jedoch mit einbezogen. Die Historikerlisten der englischen Wikipedia sind noch umfangreicher als die der deutschen Version.

– Im **Forscher/innenverzeichnis innerhalb des Fachportals Clio-online** (zum Portal siehe S. 87 f.) finden Sie zahlreiche Historiker aus dem deutschsprachigen Raum. Da jeder Historiker sich dort selbst anmeldet, sind die Informationen zu den Forschungsgebieten und Publikationen unterschiedlich ausführlich.

– Innerhalb des **Kürschners Deutschem Gelehrtenkalender,** kurz Kürschner, der sowohl gedruckt (jahrgangsweise) als auch online konsultiert werden kann, sind unter Gelehrten aller weiterer Fächer auch Historiker nachgewiesen. Der Kürschner konzentriert sich hierbei vor allem auf die Historiker, die an einer deutschsprachigen Hochschule tätig sind oder waren.

2.5.5 Handbücher

Wissenschaftliche Handbücher sind zur Einarbeitung in ein neues Thema oder eine unbekannte Zeit unverzichtbare Hilfsmittel: Der Leser erhält einen Überblick über die aktuelle Forschungslage, erfährt einiges über Forschungstrends oder Auseinandersetzungen innerhalb der Geschichtswissenschaft und lernt die Quellenlage zum Thema kennen. Historische Handbücher gibt es zu zahlreichen Themen und aus ebenso zahlreichen Verlagen, entweder als Einzelveröffentlichung, häufig aber innerhalb einer Reihe, in der mehrere wissenschaftliche Handbücher erscheinen. Vorgestellt werden in diesem Kapitel exemplarisch drei Angebote: eine Online Plattform, eine gedruckte Reihe historischer Handbücher sowie ursprünglich gedruckte Handbücher, die inzwischen auch online verfügbar sind.

2.5.5.1 Oldenbourg Grundriß der Geschichte (OGG)
Die **Buchreihe Oldenbourg Grundriß der Geschichte** ist eine seit 1978 erscheinende Reihe, in der von renommierten Experten verfasste Einführungen in die historischen Kulturen der Welt (z. B. „Griechische Geschichte", „Das Frankenreich", oder „Geschichte Chinas 1279–1949") erscheinen. Die Bände werden in regelmäßigen Abständen überarbeitet und die Reihe wird kontinuierlich erweitert.

2.5.5.2 Oxford Reference Online
Die lizenzpflichtige **Online Plattform Oxford Reference Online** bietet den Zugang zu mehr als 230 Nachschlagewerken der Verlages Oxford University Press. Gerade für Historiker finden sich neben anderen elektronischen Nachschlagewerken auch einige Titel aus der Reihe „Oxford Companion to", z. B. die Companions to „British History" oder to „Local and Family history", die mit zahlreichen grundlegenden Aufsätzen renommierter Wissenschaftler einen umfassenden Einblick in das jeweilige Thema bieten.

2.5.5.3 Cambridge Histories
Die mehr als 290 Bände der seit den 1960er Jahren im Verlag Cambridge University Press erschienenen der Reihe **Cambridge Histories** sind sowohl als Druckausgaben als auch über eine Online Plattform erhältlich. Zahlreiche dieser „Histories" bieten umfassende Einblicke in historische Themen, z. B. „The Cambridge History of nineteenth-century political thought".

2.6 Internetportale für Historiker

Fachbezogene Internetportale, auch „Virtuelle Fachbibliotheken" (ViFa) genannt, kommen einem „One Stop Shop" der Literaturreche am nächsten. Ziel der Fachportale im Internet ist, alle elektronisch verfügbaren wissenschaftlichen Informationen zum Fach unabhängig von ihrem eigentlichen Standort, unter einem „Dach" verfügbar zu machen. Dazu arbeiten in vielen Fällen mehrere Wissenschaftsinstitutionen zusammen und betreiben ein solches Portal gemeinsam. Die von der Deutschen Forschungsgemeinschaft geförderten Fachportale bestehen aus mehreren Modulen. Einige der wichtigsten Module sind:

- **(Meta)Suchmaschinen:** Mithilfe der Suchmaschinen der Virtuellen Fachbibliotheken können mit einer Anfrage zeitgleich mehrere bibliographische Datenbanken durchsucht werden. Grenzen findet diese Möglichkeit der integrierten Suche jedoch häufig in Lizenzbestimmungen der Datenbankanbieter.
- **Fach-OPAC:** Der Fach-OPAC ist der fachliche Ausschnitt aus dem Online-Katalog der betreibenden Bibliothek(en).
- **Fachinformationsführer:** eine von Experten erstellte und regelmäßig überprüfte Linksammlung zu fachlich relevanten Websites.

Dazu können zahlreiche weitere Module kommen, z. B.:

- **Open-Access-Repositories:** Hier können wissenschaftliche Arbeiten elektronisch veröffentlicht werden. Der Zugang zu den elektronischen Dokumenten wird vom Betreiber sichergestellt.
- **Personen- und Adressverzeichnisse,**
- Stellenanzeigen und **Ankündigungen** von Tagungen oder Konferenzen,
- **Online Tutorials,**
- **Rezensionen,**
- **Einführungen** in das Fachgebiet oder in Teile davon oder
- **Informationsdienste,** wie z. B. Blogs, Newsletter, Neuerwerbungslisten, RSS (Really Simple Syndication).

Zur Geschichtswissenschaft existieren mehrere solcher Portale: zwei, die man als regional und epochal übergreifend bezeichnen kann und einige, die sich auf einzelne Teile der Geschichtswissenschaften beziehen.

2.6.1 Clio-online

Clio-online

Clio-online – Fachportal für die Geschichtswissenschaften – ist als zentraler Einstieg in die Fachinformation im Internet für die deutschsprachigen Geschichtswissenschaften konzipiert.

Clio-online wird seit 2001 zunächst als Projekt mehrerer Institutionen, seit 2007 innerhalb eines Vereins betrieben, dem als Gründungsmitglieder z. B. die Humboldt Universität in Berlin, die Berlin-Brandenburgische Akademie der Wissenschaften, die beiden Staatsbibliotheken in Berlin und München sowie die Staats- und Universitätsbibliothek Göttingen angehören. Clio-online bietet unter anderen folgende wichtige Module:

- Ein **Web-Verzeichnis,** das für Historiker informative, auf ihre Wissenschaftlichkeit geprüfte Internetseiten nachweist. Die Websites werden in eine Fachsystematik eingeordnet und sind daher im inhaltlichen Zusammenhang auffindbar.
- Zahlreiche **Rezensionen** zu geschichtswissenschaftlichen Publikationen.
- Eine **Metasuche,** die die integrierte Suche über alle Angebote von Clio-online, die Kataloge und viele Datenbanken der Kooperationspartner und einige weitere Datenbanken wie z. B. die Online Contents SSG Geschichte (s. S. 31 f.) zulässt. Wichtige weitere z. T. lizenzpflichtige Datenbanken wie z. B. die Historical Abstracts konnten bisher nicht eingebunden werden. Die Metasuche verbirgt sich hinter dem Menüpunkt „Datenbanken".
- Aufsätze, die als **„Guides"** in bestimmte Themengebiete oder Hilfswissenschaften der Geschichte einführen und auf wichtige Informationsquellen zur weiteren Arbeit in diesem Themengebiet hinweisen.
- Ein **Institutionenverzeichnis,** das Institutionen aller Art (z. B. Museen, Bibliotheken, Behörden, Archive, Universitäten, Denkmalschutz ...), die für die Geschichtswissenschaften wichtig sein können, aufführt.
- Ein **Forscher/innenverzeichnis**, in das Wissenschaftler sich und ihre Forschungsgebiete eintragen können.
- Informationen zu Berufen, die im Umfeld der Geschichtswissenschaften ergriffen werden können, sowie Stellen- und Praktikumsangebote finden sich unter der Rubrik **Chancen.**

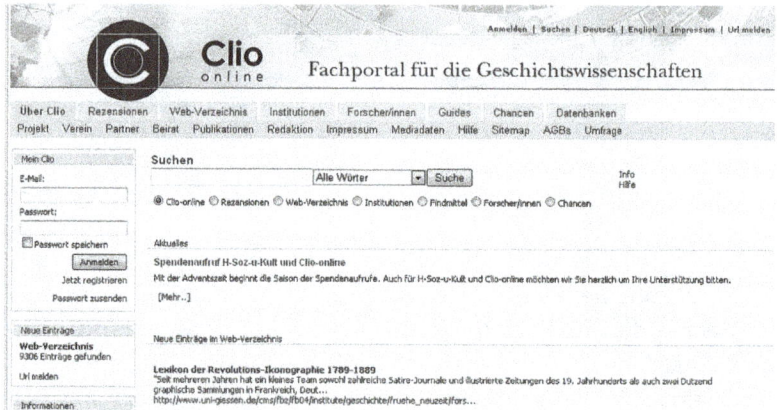

Abb. 55: Clio-online Startseite

Unter dem Dach des Vereins Clio-online werden über das Fachportal hinaus die geschichtswissenschaftlichen Themenportale „Europäische Geschichte" und „Zeitgeschichte Online" sowie die Fachkommunikationsplattform H-Soz-u-Kult betrieben.

Clio-online publiziert zudem zwei Zeitschriften („Historische Literatur – Rezensionszeitschrift von H-Soz-u-Kult" sowie „Zeithistorische Forschung") und in unregelmäßigen Abständen Themenhefte zu unterschiedlichen historischen Fragestellungen, mehrheitlich zur Geschichtswissenschaft im Zusammenhang mit den neuen Medien. Alle Publikationen sind frei online verfügbar.

2.6.2 historicum.net

historicum. net

Ähnlich wie Clio-online bietet auch das Portal **historicum.net** – Geschichtswissenschaften im Internet – einen zentralen Zugang zu den vielfältigen geschichtswissenschaftlichen Angeboten im Internet sowie darüber hinausgehende eigene Angebote.

Historicum.net ist die Erweiterung des 1998 begonnenen Angebotes „Server Frühe Neuzeit" (SFN). Auch historicum.net wird in Zusammenarbeit mehrerer wissenschaftlicher Institutionen von einem Verein betrieben, dem unter anderen die Bayerische Staatsbibliothek, die Ludwigs-Maximilians-Universität München und die Universität zu Köln angehören. Folgende Module zeichnet das Angebot von historicum.net aus:

– Unter der Bezeichnung **Themen** finden sich einführende Texte sowie weiterführende Materialien (Quellen, Bibliographien,

Zeitleisten, ...) zu ausgewählten historischen Themen. An der Auswahl der Themen ist ein Schwerpunkt auf frühneuzeitlichen Fragestellungen erkennbar.

- Auch zu unterschiedlichen **Ländern** werden geschichtswissenschaftliche Portale angeboten, die neben Einführungen und weiterführenden Materialien auch Hinweise zu wissenschaftlichen Institutionen des jeweiligen Landes enthalten.
- Die Rubrik **Recherche** enthält Hinweise und Links zu für Historiker wichtigen Online Ressourcen in den Bereichen Institutionen, Neuerwerbungen, Literatur, Zeitschriften, Quellen, Nachschlagewerke und Fachportale. Als letzten Unterpunkt findet man an dieser Stelle auch den **Webguide,** eine Zusammenstellung für Historiker wichtiger Websites, die mit Schlagworten und Abstracts erschlossen sind.
- Unter **Lehren und Lernen** finden Sie Einführungen in wichtige Bereiche des wissenschaftlichen Arbeitens sowie Tutorials zur Nutzung von Computer und Internet im Studium und Rezensionen ausgesuchter Websites.
- Die **Metasuche** erlaubt die Suche über einige Datenbanken und Webangebote, unter anderem können die Historische Bibliographie, der Katalog der Bayerischen Staatsbibliothek sowie die Volltextdatenbank Digi 20 in einer Suche erfasst werden.

Abb. 56: historicum.net

Im Rahmen von historicum.net werden auch drei frei im Internet verfügbare Online-Zeitschriften publiziert: Das renommierte Rezensionsjournal **Sehepunkte,** die fachwissenschaftliche Zeitschrift **Zeiten-**

blicke, wiederum mit einem Schwerpunkt auf frühneuzeitlichen Themen, sowie das Journal **Lesepunkte,** in dem Schüler Kinder- und Jugendliteratur zu historischen Themen für andere Schüler besprechen.

2.6.3 Epochal und regional definierte Internetportale für Historiker

Über die beiden großen, für die Geschichtswissenschaften konzipierten Internetportale hinaus gibt es einige Portale, die einen zentralen Einstieg in die Online Ressourcen für eine bestimmte Epoche oder Region bieten. Diese Internetportale haben oft einen fachübergreifenden Ansatz. Wichtige **epochal definierte** *Portale* sind z.B.:

Propylaeum

Propylaeum: Propylaeum ist eine von der Bayerischen Staatsbibliothek, den Universitätsbibliotheken Tübingen und Heidelberg und dem Institut für Klassische Philologie der Humboldt Universität in Berlin betriebene **Virtuelle Fachbibliothek für die Klassischen Altertumswissenschaften.** Sie ist, wie historicum.net und Clio-online, modular aufgebaut. Die Module, u.a. eine Publikationsplattform, Hinweise zu Fachdatenbanken, ein Webkatalog, Themenportale und Fachglossare lassen sich bei allen Fächern, die das Portal umfasst, wiederfinden. Für Historiker sind vor allem die Fächer Alte Geschichte und Vor- und Frühgeschichte von besonderer Relevanz. Mit „Propylaeum Search" steht Ihnen auch hier eine Metasuchmöglichkeit zur integrierten Recherche in mehreren Bibliothekskatalogen, Datenbanken und Internetressourcen zur Verfügung. Im Anschluss daran können Sie die gefundene Literatur, wenn sie elektronisch vorliegt und für Sie verfügbar ist, per Link ansteuern oder gedruckte Texte per Dokumentlieferdienst bestellen bzw. eine Fernleihe aufgeben.

Iter

Iter Gateway to the Middle Ages and Renaissance: Das Centre for Reformation and Renaissance der Universität Toronto betreibt mit weiteren wissenschaftlichen Institutionen das modular aufgebaute **Portal zum Mittelalter und der Renaissance,** in dem Sie wichtige Bibliographien (u.a. die Iter Bibliography s.S. 48f.), Fachdatenbanken, Zeitschriften und E-Books finden. Zur vollständigen Nutzung des Portals ist allerdings eine Lizensierung notwendig.

Zeitgeschichte Online

Zeitgeschichte Online (ZOL): Das seit 2004 bestehende **Portal zur Zeitgeschichte,** für das vor allem das Zentrum für Zeithistorische Forschung und die Staatsbibliothek zu Berlin verantwortlich sind, ist ein Teil von Clio-online. Hier können verschiedene, für Virtuelle Fachbibliotheken typische Module genutzt werden. Unter anderem handelt es sich dabei um eine Möglichkeit zur Metasuche, einen Katalog fachlicher Websites, Einführungen in verschiedene Themenbereiche sowie

Informationen zu Institutionen, Personen oder wissenschaftlichen Texten.

Besonderheiten von Zeitgeschichte Online sind das Online Lexikon Docupedia-Zeitgeschichte zu zentralen Begriffen der Zeitgeschichte, an dem jeder Nutzende in Form von Kommentaren oder Ergänzungen mitwirken kann, sowie die Nutzung über den Text hinausgehender Medien als Quellen für die historische Forschung. Neben Hinweisen zu zeitgeschichtlich relevanten Programmbeiträgen in Presse, Rundfunk und Fernsehen sind Podcasts zeithistorischer Rundfunkbeiträge, Interviews mit Zeitzeugen und Filmbesprechungen zu finden.

Abb. 57: Rubrik Zeitgeschichte im Film bei ZOL

Auch die **regional definierten Virtuellen Fachbibliotheken** haben häufig einen fachübergreifenden Blick auf die Wissenschaft, weil die jeweilige Region im Fokus steht. Bei den regionalen Internetportalen gibt es allein bei deutschsprachigen Anbietern eine große Vielfalt der Angebote. Viele Bibliotheken, die regionale Sondersammelgebiete betreuen, bieten eine Virtuelle Fachbibliothek zur jeweiligen Region an. An dieser Stelle werden daher exemplarisch zwei regional definierte Internetportale genannt.

Die Virtuelle Fachbibliothek Osteuropa (ViFaOst): Die ViFaOst ist ein **fachübergreifendes Regionalportal zur Osteuropaforschung.** Wissenschaftliche Informationen zu Geschichte, Sprache, Literatur, Politik und Kultur der Länder und Regionen Ost-, Ostmittel- und Südosteuropas werden in und mit Hilfe der unterschiedlichen – zum großen Teil bereits bekannten – Module (Metasuche, Webkatalog, Bibliothekskataloge, Neuerwerbungen, Texte und Materialien ...) präsentiert.

ViFaOst

Themen-
portal
Europäische
Geschichte

Themenportal Europäische Geschichte: Auf diesem Regionalportal, das wiederum ein Teil des übergreifenden Angebotes von Clio-
online ist, konzentrieren sich alle Rubriken auf das **Europa ab dem
18. Jahrhundert bis zur Gegenwart.** Der Fokus des Portals liegt auf
den Rubriken „Themen" und „Schwerpunkte" d. h. auf der Veröffentlichung von Materialien (Texte, Bilder, Karten ...) zur Europäischen
Geschichte.

2.6.4 Fachkommunikation im Internet

H-Soz-u-Kult

Fachkommunikation innerhalb der Geschichtswissenschaften findet
zunehmend online statt. Internetforen, Wikis, Weblogs und Mailing-
listen dienen dem schnellen Austausch von Informationen, können
die Zusammenarbeit mehrerer Wissenschaftler unterschiedlicher
Standorte an einem Projekt erleichtern und sind gelegentlich Austra-
gungsort geschichtswissenschaftlicher Diskussionen. Die wichtigste
Kommunikationsplattform für die deutschsprachige Geschichtswissenschaft ist die Internetplattform **H-Soz-u-Kult**, die ein Teil des Ge-
samtangebotes von Clio-online (s. S. 87 f.) ist. Die Plattform bietet fol-
gende Informationen:
- **Chancen:** Stellenausschreibungen, Stipendien und Weiterbil-
dungsmöglichkeiten
- **Forum:** elektronische Publikationen, Diskussionen
- **Projekte:** Vorstellung von geschichtswissenschaftlichen Projekten
- **Rezensionen:** Besprechung vieler aktueller historischer Veröffent-
lichungen
- **Tagungsberichte**
- **Termine:** Ankündigungen von Konferenzen, Tagungen etc.
- **Websites:** Information über neue Internetangebote
- **Zeitschriften:** Inhaltsverzeichnisse ausgewählter Zeitschriften

Diese Informationen können auf der Website von H-Soz-u-Kult abgeru-
fen oder per E-Mail oder RSS-Feed abonniert werden.

H-Soz-u-Kult ist Teil der Dachorganisation **H-Net,** die über 100
Diskussions- und Mailingnetzwerke unterschiedlicher Geistes- und
Sozialwissenschaften umfasst. Zu den zahlreichen Listen und Foren
mit geschichtswissenschaftlichen Inhalten gehören unter anderen
H-German, eine Diskussionsplattform zur deutschen Geschichte, die
sich an internationale Historiker richtet, *H-Albion*, eine Kommunikationsplattform zur britischen und irischen Geschichte sowie *H-OralHist*,
die Liste zur Oral History.

2.7 Handschriften und Archivalien

Quellen als die Grundlage historischer Forschung liegen in der Regel nicht als edierter Text, sondern häufig nur in handschriftlicher Form oder als unveröffentlichte maschinenschriftliche Dokumente vor. Zudem rücken neben Texten verstärkt auch andere Quellen wie z. B. Bilder, Filme oder Interviews in den Fokus der Geschichtswissenschaften.

Bei handschriftlichen Quellen handelt es sich immer um Unikate – selbst bei identischen Inhalten zweier Handschriften ist die Ausführung nicht dieselbe. Eine Handschrift kann immer nur an einem Ort eingesehen werden, es sei denn sie ist digitalisiert und auf diese Weise zugänglich. Die Erschließung von Archivmaterialien oder Handschriften in Findbüchern oder Katalogen ist ungleich aufwändiger als die Verzeichnung veröffentlichter Texte. Keine Institution kann die Verzeichnung einer Handschrift von einer anderen einfach übernehmen, da es eben keine identischen Exemplare gibt. Die Recherche nach diesen Quellen folgt daher ebenfalls anderen Regeln als die Suche nach veröffentlichten Texten.

2.7.1 Mittelalterliche Handschriften

Mittelalterliche Handschriften wurden und werden in der Regel nicht in den elektronischen Bibliothekskatalogen und damit auch nicht in Metakatalogen oder Verbundkatalogen, sondern in gesonderten Handschriftenverzeichnissen nachgewiesen, die lange Zeit gedruckt erschienen, inzwischen aber auch häufig online verfügbar sind. Damit Forschende einen Überblick über den Bestand an Handschriften im deutschsprachigen Raum, in Europa und darüber hinaus gewinnen können, gibt es wichtige institutionenübergreifende Nachweisinstrumente.

2.7.1.1 Manuscripta Mediaevalia

Die Datenbank **Manuscripta Mediaevalia** hat zum Ziel, einen ortsunabhängigen und kostenfreien Zugang zu den Ergebnissen der Katalogisierung deutschsprachiger Handschriften zu bieten.

Manuscripta Mediaevalia

Im Wesentlichen besteht Manuscripta Mediaevalia aus drei Hauptteilen:

Unter der Überschrift **Handschriften** kann nach den bibliographischen Daten der in Manuscripta Mediaevalia enthaltenen Handschriften gesucht werden. Der Schwerpunkt von Manuscripta Mediaevalia liegt auf dem Nachweis von Handschriften aus dem deutschsprachigen Raum, es sind allerdings auch einzelne andere Sammlungen z. B. aus Russland, Polen und Großbritannien enthalten.

Die Suche ist über eine Suchmaske und viele unterschiedliche Kategorien möglich, über eine Liste nach Bibliotheksorten können Sie auch direkt zu den Handschriftenverzeichnissen der einzelnen Bibliotheken gelangen. Die Suche lässt sich auf bereits digitalisierte Handschriften einschränken, die aus der Ergebnisliste heraus per Link erreicht werden können. Das Ikonographie Register bietet eine zusätzliche Übersicht über Bildinhalte, sofern sie in den Handschriften enthalten sind.

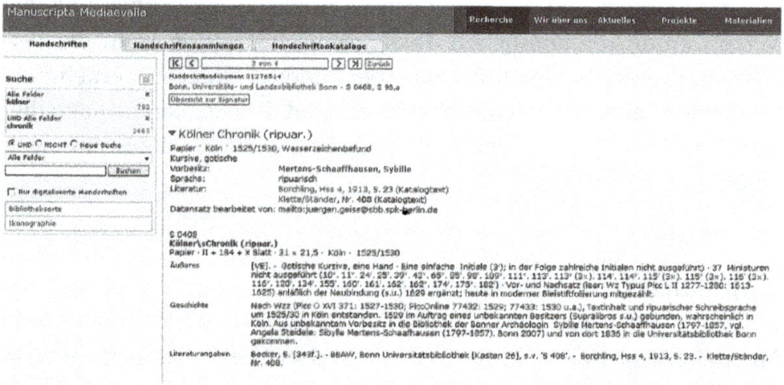

Abb. 58: Manuscripta Mediaevalia: Anzeige der bibliographischen Daten einer Kölner Handschrift

Unter dem Menüpunkt **Handschriftensammlungen** sind Informationen zu Handschriftensammlungen einzelner Institutionen abzurufen.

Das Modul **Handschriftenkataloge** führt zu einzelnen, enthaltenen Handschriftenkatalogen – regional oder sprachlich geordnet. Der Menüpunkt **Spezialkataloge** führt zu Katalogen orientalischer, neuzeitlicher oder musikalischer Handschriften.

Tipp

Der Bereich Materialien enthält eine Linksammlung mit vielen hilfreichen Websites zum Umgang mit mittelalterlichen Quellen.

2.7.1.2 CERL-Portal

Das **Consortium of European Research Libraries** (CERL) bietet mit dem CERL-Portal einen **Metakatalog** zur Suche nach mittelalterlichen und neuzeitlichen Handschriften sowie nach alten Drucken.

CERL-Portal

Nach welchen Materialien und in welchen Katalogen gesucht werden soll, ist individuell zu bestimmen. In die Metasuche sind Sammlungen aus Europa, den USA und Amerika integriert. In der Ergebnisanzeige finden Sie die bibliographischen Daten zu den gefundenen Handschriften und alten Drucken, z. T. wird auch ein Zugriff auf die digitalisierten Dokumente selbst angeboten.

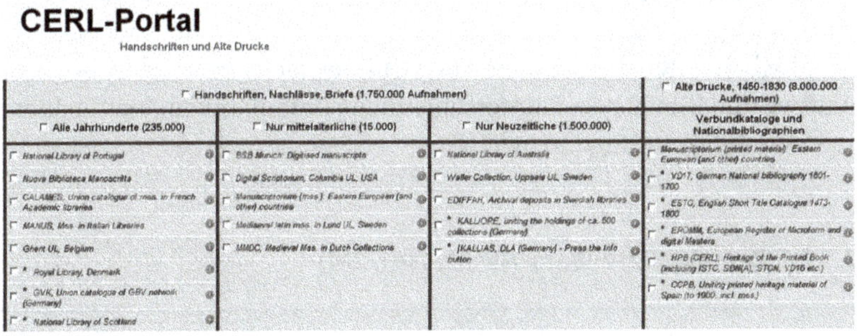

Abb. 59: CERL-Portal: Auswahl der zu durchsuchenden Kataloge

Bei intensiver Arbeit mit mittelalterlichen Handschriften, können weitere Datenbanken beim Auffinden und der Bearbeitung der Handschriften nützlich sein:

- **manuscriptorium** ist als europäisches Handschriftenportal konzipiert und weist neben Handschriften im engeren Sinne weitere Materialien, z. B. Archivalien, Inkunabeln (die ersten gedruckten Werke) und Urkunden nach.
- **Handschriftenzensus:** eine Verzeichnung der handschriftlichen Überlieferung des Mittelalters in deutscher Sprache – allerdings in uneinheitlicher Verzeichnungstiefe.
- **In Principio:** ein Index lateinischer Textanfänge mittelalterlicher Handschriften, die aufgrund häufig fehlender Titel und unsicherer Autoren zur Identifizierung eines Werkes sehr wichtig sind.
- **Mediaevum.de:** ein Fachportal zur deutschen und lateinischen Literatur des Mittelalters.

Die Suche in gedruckten (oft separaten) Katalogen und die Arbeit am Original vor Ort bestimmen trotz der guten elektronischen Angebote auf diesem Gebiet auch heute noch den wissenschaftlichen Umgang mit mittelalterlichen Handschriften.

2.7.2 Nachlässe und Autographen

Unter **Autographen** (aus dem Griechischen: „selbst Geschriebenes") versteht man handschriftliche Zeugnisse einer Person. Solche Autographen sind häufig Teil eines Nachlasses, d.h. einer Sammlung von Dokumenten oder anderen Dingen, die der Verstorbene hinterlassen hat.

Autographen und Nachlässe lassen sich sowohl in Bibliotheken als auch in Archiven, seltener sogar in Museen oder anderen Forschungseinrichtungen finden. Das macht die Suche nicht übersichtlicher. Trotz der Möglichkeiten des gemeinsamen Online-Nachweises benutzen z. B. Archive und Bibliotheken unterschiedliche Datenbanken, um Nachlässe in ihren Häusern nachzuweisen:

2.7.2.1 Zentrale Datenbank Nachlässe (ZDN)

ZDN

Die **Zentrale Datenbank Nachlässe ZDN** wird von deutschen und wenigen europäischen Archiven genutzt, um Nachlässe anzuzeigen.

Sie basiert auf dem ursprünglich von Wolfgang Mommsen 1971 herausgegebenen gedruckten Werk *„Die Nachlässe in den deutschen Archiven"* und wurde ab 1992 vom Bundesarchiv in Koblenz weitergeführt. Seit 2002 ist die Datenbank im Internet frei verfügbar. Zur Suche kann eine übersichtliche, gut strukturierte Suchmaske oder eine alphabetische Liste der Nachlassgeber genutzt werden.

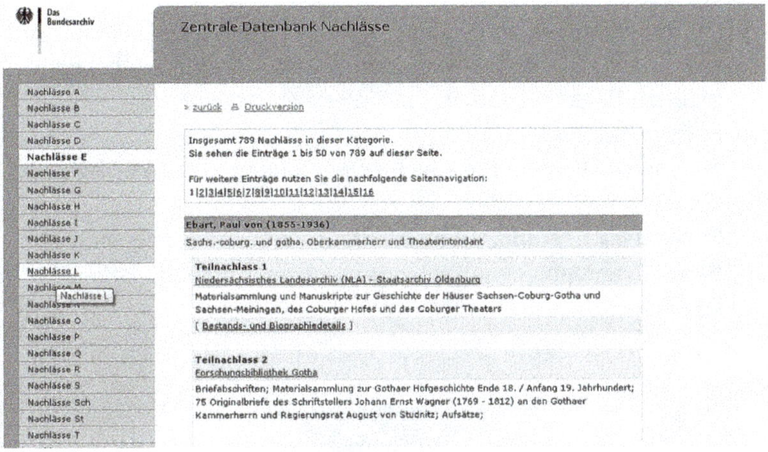

Abb. 60: Zentrale Datenbank Nachlässe: Nachlässe in alphabetischer Reihenfolge der Nachlassgeber

Von den Anzeigen der Treffer aus lassen sich sowohl Links mit weiterführenden Informationen zu Nachlass und Nachlassgebern (biographische Details, Beruf des Nachlassgebers, Inhalt des Nachlasses, Umfang des Nachlasses ...) als auch zu den verwahrenden Archiven (Adresse, Website ...) aufrufen.

2.7.2.2 Kalliope

Für eine Recherche nach Nachlässen oder Autographen, die in Bibliotheken verwahrt werden, ist die Datenbank **Kalliope** der zentrale Sucheinstieg.

Kalliope

Kalliope weist die Autographen und Nachlässe aus Bibliotheken und einigen Archiven und anderen Forschungsinstitutionen nach. Sie wird von der Staatsbibliothek zu Berlin betrieben und basiert auf einer 1966 begonnenen Zettelkartei, der „Zentralkartei der Autographen". Ihren Namen hat die Datenbank aus der griechischen Mythologie, in der Kalliope, die Tochter des Göttervaters Zeus und der Göttin der Erinnerung, der Mnemosyne, die Muse der Wissenschaft, Philosophie und Dichtung ist.

Der Sucheinstieg in der Datenbank Kalliope erfolgt über eine von drei Suchmasken:

– **Suchmaske Autographen:** hier kann neben einer Suche nach Schlagworten, Entstehungszeiten und Orten auch nach Personen, von denen ein Dokument stammt, sowie nach Personen, an die ein Dokument gerichtet ist, gesucht werden. Auf diese Weise sind z. B. Briefe VON einer bestimmten Person, die in der Regel nicht in ihrem Nachlass, sondern in Unterlagen anderer Personen zu finden sind, suchbar.

– **Suchmaske Person:** Eine Suche nach Namen, Berufen, Herkunftsländern und Lebensdaten ist möglich.
– **Suchmaske Bestand:** An dieser Stelle wird eine Suche nach Bestandsnamen, Signaturen oder besitzenden Bibliotheken angeboten.

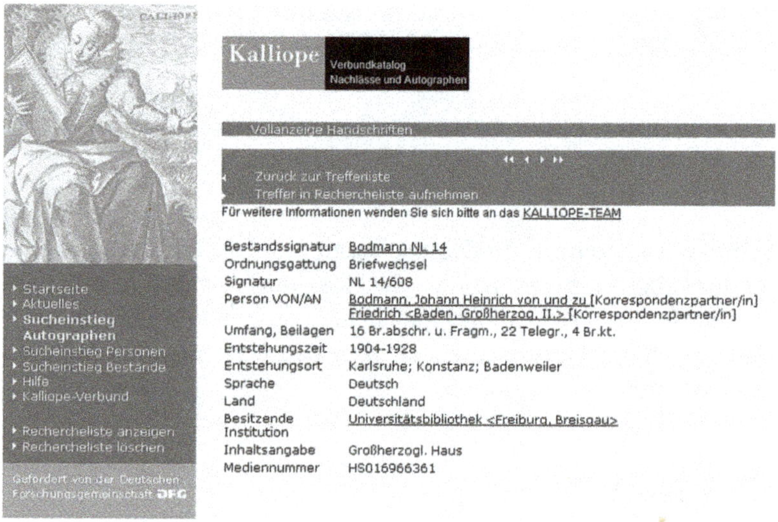

Abb. 61: Kalliope: Ergebnisanzeige

2.7.2.3 Malvine

Einen länderübergreifenden Metakatalog zum Finden von neuzeitlichen Nachlässen und Autographen bietet **MALVINE** (Manuscripts and Letters via Integrated Networks in Europe).

Malvine ist ein europäisches Projekt, das von zahlreichen Bibliotheken, Archiven und Museen und ihren jeweiligen Autographen- und Nachlassverzeichnissen getragen und von der Staatsbibliothek zu Berlin betreut wird. Vor einer Recherche sind die einzubeziehenden Verzeichnisse auszuwählen. Es besteht die Wahl zwischen einer einfachen Suchmaske und einer Expertensuche.

2.7.3 Archivalien

In Archiven finden sich in der Regel unveröffentlichte Dokumente, im Gegensatz zur Bibliothek, in der weitgehend veröffentlichte Publikationen aufbewahrt werden.

Archivalien sind sehr oft Unikate, sie wurden meist nicht mit dem Ziel verfasst, der historischen Überlieferung zu dienen. Neben Urkunden, Briefen und amtlichen Dokumenten, können auch Karten, Pläne, Tagebücher und audiovisuelle Dokumente in Archiven aufbewahrt werden, der Begriff Archivalie umfasst sehr unterschiedliche Arten von Zeugnissen.

Während Bibliotheken ihre Bücher nach inhaltlichen oder formalen Kriterien sortieren und präsentieren, wird Archivgut meist nach seiner Herkunft, der sogenannten **Provenienz**, geordnet.

Bei der Suche nach Archivquellen werden Sie sich daher zuerst fragen müssen, wo evtl. zu suchende Quellen entstanden sein könnten. Die Erschließung von Archivalien findet in sogenannten **Findbüchern** statt, in denen die Dokumente beschrieben werden. Da eine Beschreibung jedes einzelnen Dokumentes meist nicht möglich ist, folgt auch die Erschließung von Archivalien dem Provenienzprinzip und das Archivgut wird in der Regel zusammengefasst nach Bestandsgruppen in den Findbüchern aufgeführt.

Mehr und mehr Findbücher werden online bereitgestellt, selten ist in Archiven bisher jedoch noch die Digitalisierung der eigentlichen Dokumente. Nach einer Online Suche in Findbüchern ist der folgende Besuch des Archivs unumgänglich, um zu prüfen, was sich hinter dem Findbucheintrag verbirgt.

Online Findbücher sind über die Homepages der Archive abrufbar. Dazu ist allerdings das Wissen, in welchem Archiv die gesuchten Materialien aufbewahrt werden, nötig. **Archivportale der Bundesländer** informieren über die Vielzahl an Archiven im jeweiligen Bundesland und geben einen Überblick darüber, welche Akten in welchen Archiven zu finden sind. Nur in einem Teil dieser Archivportale, wie z. B. dem vorgestellten **Archivportal Niedersachsen** ist es möglich, eine Suche in den Online Findbüchern aller beteiligten Archive zu starten.

Ein übergreifendes deutsches Archivportal, das einerseits Informationen zu den Archiven bereithält und andererseits eine Suche über alle vorhandenen Online-Findbücher erlaubt, wie es in einigen europäischen Ländern z. B. in Großbritannien und der Schweiz bereits existiert, konnte bisher trotz langer Planung nicht verwirklicht werden.

Archivportal
Nieder-
sachsen

Das **Archivportal Niedersachsen** ist, wie die regionalen Archivportale anderer Bundesländer, ein *Wegweiser* zu den Archiven in Niedersachsen und bietet Informationen zu deren Standorten, Öffnungszeiten, Zuständigkeiten und Beständen, Links zu den Homepages und evtl. weitere Kontaktdaten.

Zusätzlich dazu bietet es eine Suchfunktion zur Recherche in den Online-Findbüchern aller Staatsarchive des Landes Niedersachsen und in einer steigenden Anzahl von Online Findbüchern kommunaler Archive des Bundeslandes. Dazu stehen eine einfache und eine erweiterte Suchmaske, in der die Bestände einzelner Archive aus der Suche ausgeschlossen und Suchbegriffe auf verschiedene Art kombiniert werden können, zur Verfügung. Auch die Suche nach einer Bestandsnummer oder Signatur ist möglich.

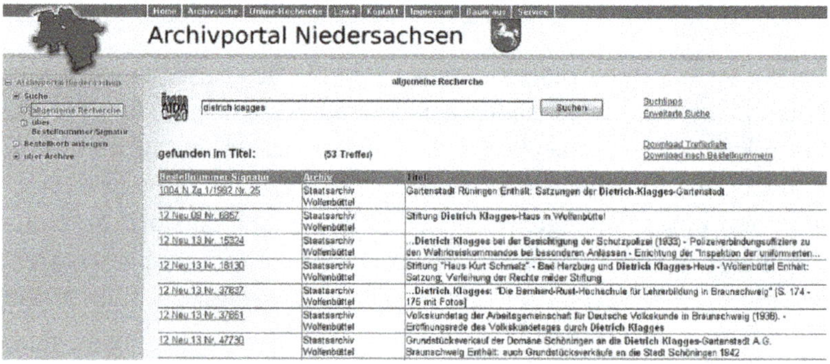

Abb. 62: Archivportal Niedersachsen: Trefferanzeige

Gefundene Bestände können nach der Suche zur Vorlage im jeweiligen Archiv bestellt werden.

Archive
Finder

Für eine Suche nach Archiven oder Archivmaterialien im angloamerikanischen Bereich kann die kostenpflichtige Datenbank **Archive Finder** herangezogen werden. Der Archive Finder enthält Informationen zu über 6000 Archiven und ihren Beständen in den USA, Großbritannien und Irland. Soweit vorhanden können Links zu den Homepages der Archive und ihrer Online-Findbücher genutzt werden.

Weitere Archivalien finden sich in Portalen, die die Trennung zwischen musealen, archivalischen und bibliothekarischen Materialien aufzuheben versuchen, indem Sammlungsgegenstände aus allen Institutionsarten nachgewiesen und, wenn möglich, präsentiert werden. Im deutschsprachigen Bereich ist als Beispiel das **BAM-Portal** zu nennen (Bibliotheken, Archive, Museen), auf europäischer Ebene das

MICHAEL Portal (Multilingual Inventory of Cultural Heritage in Europe). Als problematisch hat sich bei der Umsetzung dieser Projekte jedoch der unterschiedliche Umgang mit den jeweiligen Materialien, vor allem die unterschiedliche Erschließung gezeigt. Die enthaltenen Daten können daher nicht als repräsentativer Schnitt durch das kulturelle Erbe Deutschlands/Europas bzw. als Basis für wissenschaftliche Recherchen gelten.

2.7.4 Quellenverzeichnisse

Wichtige historische Quellen aus Archiven werden schon seit dem 18. Jahrhundert ediert – womit sie als Quelleneditionen in Bibliotheken oder im Internet zu finden sind. Zumeist werden hierzu Quellen von verschiedenen Orten zu bestimmten Themen oder Epochen zusammengestellt oder bestimmte Quellenarten z. B. Urkunden präsentiert. Einen Überblick darüber, welche Quellen in edierter Form vorliegen, bieten Quellenverzeichnisse und Quellenkunden. Zahlreiche Quellenkunden zur Geschichte verschiedener Epochen oder Regionen können Sie in Buchform in vielen Bibliotheken finden, die vorgestellten existieren sowohl elektronisch als auch in Buchform.

2.7.4.1 Quellenkunde zur deutschen Geschichte der Neuzeit von 1500 bis zur Gegenwart

In der **Quellenkunde zur deutschen Geschichte der Neuzeit von 1500 bis zur Gegenwart** finden Sie bibliographische Nachweise gedruckter Quellen zur deutschen Geschichte ab 1500 bis zum Kalten Krieg.

Quellen kunde zur dt. Geschichte der Neuzeit ...

Die von Winfried Baumgart herausgegebene Druckausgabe, die bis 2003 erschien, umfasst sieben Bände und ist chronologisch aufgebaut. Die überarbeitete Ausgabe auf CD-ROM kann über das interaktive Inhaltsverzeichnis, aber auch mithilfe einer Suchmaske, die unter anderem Suchen im Volltext zulässt, oder über mehrere Register genutzt werden.

Eine besondere Art der Quellenverzeichnisse sind **Urkundenverzeichnisse, sogenannte Regesten.** Regesten existieren zur Geschichte einzelner Regionen und Städte und zur Geschichte des Papsttums. Ein herausragendes Beispiel sind die Regesta Imperii.

2.7.4.2 Regesta Imperii

Die Regesta Imperii sind eines der größten und bedeutendsten Quellenwerke zur deutschen und europäischen Geschichte.

**Regesta
Imperii**

Es handelt sich bei den **Regesta Imperii** um eine Verzeichnung aller Urkunden und historiographischen Quellen zu den römisch-deutschen Königen und Kaisern von den Karolingern bis zu Kaiser Maximilian I. sowie zu den Päpsten des frühen und hohen Mittelalters.

Das Unternehmen ist im frühen 19. Jahrhundert von Johann Friedrich Böhmer als Vorarbeit zu den Monumenta Germaniae Historica gegründet worden. Innerhalb kurzer Zeit wurde ein eigenständiges Projekt daraus, das heute von der Akademie der Wissenschaften und der Literatur in Mainz gemeinsam mit einigen Partnerinstitutionen betreut wird.

Die Quellen werden in Form von **Regesten** beschrieben, d. h. dass der rechtswirksame Inhalt der Urkunde in Kurzform wiedergegeben wird.

Als Druckausgabe erscheinen die Regesta Imperii nach Herrschern oder Herrschergeschlechtern geordnet in unterschiedlichen Reihen. Als Online Ausgabe sind die Regesta Imperii frei im Internet verfügbar. Sie haben die Möglichkeit, über eine Suchmaske nach Stichworten, Regestennummern oder Daten in allen oder einzelnen Bänden zu suchen, können aber auch bereits digitalisierte Registerbände oder die Einzelbandanzeige nutzen.

Abb. 63: Regesta Imperii: Urkunde Ottos II.

Zu den Urkunden werden neben Ort und Datum der Ausstellung der Regestentext, Hinweise auf die Überlieferung der Urkunde und Literaturangaben angeboten. Die Nutzer der Datenbank haben die Möglichkeit, Ergänzungen oder Hinweise an die Mitarbeiter der Regesta Imperii zu schicken.

2.8 Zeitungen als historische Quelle

Zeitungen sind eine wichtige Quelle für die historische Forschung, weil sie über in ihrer Zeit für wichtig erachtete Ereignisse berichten Auch Debatten der jeweiligen Zeit und Rezensionen wichtiger Werke findet man in Zeitungen. Zudem beeinflussen sie die Meinungsbildung ihrer Leser und können dadurch (zumindest ansatzweise) als Anzeiger für die öffentliche Wahrnehmung bestimmter Ereignisse gelten. Da Zeitungen als Verbrauchsmaterial produziert werden, werden sie – in größerem Stil – nur in wenigen Bibliotheken und Archiven aufbewahrt, zumal auch die Papier- und Druckqualität von Zeitungen ihre langfristige Archivierung erschweren. Ein Weg zur dauerhaften Bewahrung von Zeitungen war lange Zeit deren Verfilmung, heute werden historische Zeitungen zu diesem Zweck digitalisiert.

Bei der Suche nach Zeitungstexten unterscheidet man wie bei Zeitschriften zwischen Ressourcen, in denen die bibliographischen Daten zu Zeitungen oder Zeitungsartikeln enthalten sind und zwischen Volltextarchiven, in die die Zeitungstexte integriert sind.

Das **Zeitungsinformationssystem ZEFYS** bietet sowohl einen Einstieg ins Thema Zeitungen als auch Datenbanken, in denen nach Zeitungen oder nach Zeitungsartikeln gesucht werden kann.

2.8.1 Zeitungsinformationssystem ZEFYS

Zur Information über Zeitungen und das Pressewesen steht Ihnen das Zeitungsinformationssystem ZEFYS der Staatsbibliothek zu Berlin zur Verfügung. Es ist wie eine Virtuelle Fachbibliothek modular aufgebaut. ZEFYS bietet neben allgemeinen Informationen zu Zeitungen, eine Metasuche über alle in ZEFYS einbezogenen Ressourcen und eine Linkliste, die Sie zu wichtigen Internetangeboten zum Thema Zeitungen führt. Auch frei nutzbare Volltexte wichtiger historischer deutscher Zeitungen sind Teil von ZEFYS.

ZEFYS

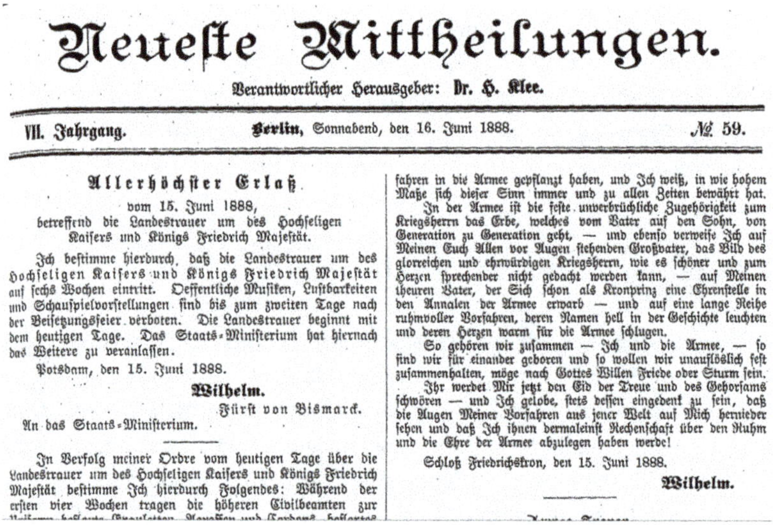

Neueste Mittheilungen.

Verantwortlicher Herausgeber: Dr. H. Klee.

VII. Jahrgang. Berlin, Sonnabend, den 16. Juni 1888. № 59.

Allerhöchster Erlaß

vom 15. Juni 1888,
betreffend die Landestrauer um des Hochseligen Kaisers und Königs Friedrich Majestät.

Ich bestimme hierdurch, daß die Landestrauer um des Hochseligen Kaisers und Königs Friedrich Majestät auf sechs Wochen eintritt. Oeffentliche Musiken, Lustbarkeiten und Schauspielvorstellungen sind bis zum zweiten Tage nach der Beisetzungsfeier verboten. Die Landestrauer beginnt mit dem heutigen Tage. Das Staats-Ministerium hat hiernach das Weitere zu veranlassen.

Potsdam, den 15. Juni 1888.

Wilhelm.

Fürst von Bismarck.

An das Staats-Ministerium.

In Verfolg meiner Ordre vom heutigen Tage über die Landestrauer um des Hochseligen Kaisers und Königs Friedrich Majestät bestimme Ich hierdurch Folgendes: Während der ersten vier Wochen tragen die höheren Civilbeamten zur …

fahren in die Armee gepflanzt haben, und Ich weiß, in wie hohem Maße sich dieser Sinn immer und zu allen Zeiten bewährt hat.

In der Armee ist die feste unverbrüchliche Zugehörigkeit zum Kriegsherrn das Erbe, welches vom Vater auf den Sohn, von Generation zu Generation geht, — und ebenso verweise Ich auf Meinen Euch Allen vor Augen stehenden Großvater, das Bild des glorreichen und ehrwürdigen Kriegsherrn, wie es schöner und zum Herzen sprechender nicht gedacht werden kann, — auf Meinen theuren Vater, der Sich schon als Kronprinz eine Ehrenstelle in den Annalen der Armee erwarb — und auf eine lange Reihe ruhmvoller Vorfahren, deren Namen hell in der Geschichte leuchten und deren Herzen warm für die Armee schlugen.

So gehören wir zusammen — Ich und die Armee, — so sind wir für einander geboren und so wollen wir unauflöslich fest zusammenhalten, möge nach Gottes Willen Friede oder Sturm sein.

Ihr werdet Mir jetzt den Eid der Treue und des Gehorsams schwören — und Ich gelobe, stets dessen eingedenk zu sein, daß die Augen Meiner Vorfahren aus jener Welt auf Mich hernieder sehen und daß Ich ihnen dermaleinst Rechenschaft über den Ruhm und die Ehre der Armee abzulegen haben werde!

Schloß Friedrichskron, den 15. Juni 1888.

Wilhelm.

Abb. 64: Zeitungsartikel als PDF aus dem Modul „Amtspresse Preußens", innerhalb des Zeitungsinformationssytems ZEFYS

Unter dem Titel *DDR-Presse* findet man bei ZEFYS seit kurzer Zeit für die Wissenschaft frei verfügbare, digitalisierte DDR-Zeitungen, im Volltext durchsuchbar, die durch entsprechende wissenschaftliche Zusatzinformationen des Zentrums für Zeithistorische Forschung ergänzt werden.

2.8.2 Zeitschriftendatenbank

ZDB

Um deutsche Zeitungstitel (in der Regel nicht deren Artikel oder Volltexte!) zu finden oder um herauszufinden, in welchen Bibliotheken welche Zeitungen vorhanden sind, ist die Nutzung der Zeitschriftendatenbank ZDB (s. S. 29 f.) empfehlenswert. Sie weist nicht nur Zeitschriften, sondern auch Zeitungen – auch aus Spezialsammlungen wie der Zeitungsabteilung der Staatsbibliothek zu Berlin oder dem Institut für Zeitungsforschung in Dortmund – nach. Auch retrodigitalisierte Zeitungen sind mehr und mehr in der ZDB nachgewiesen und, wenn frei verfügbar, nach der Suche aufrufbar.

Tipp

Nutzen Sie bei der Suche nach Zeitungen in der ZDB die erweiterte Suchfunktion und schränken den Dokumententyp auf „zt" (Zeitung) ein!

2.8.3 Retrodigitalisierte Zeitungen

In einigen Ländern, wie z. B. in Österreich mit dem Projekt **ANNO (Austrian Newspapers online),** bieten die jeweiligen Nationalbibliotheken zentrale Zugänge zu retrodigitalisierten Zeitungen an. Historische Zeitungen, vor allem des angelsächsischen Raumes, finden Sie auch in kommerziell vertriebenen Datenbanken wie z. B. den **Historical Newspapers** (mit Ausgaben des Guardians, der New York Times, des Boston Globe und der Washington Post) oder der Datenbank **19th Century British Library Newspapers.** Beide genannten Datenbanken sind in Deutschland durch eine Nationallizenz der Deutschen Forschungsgemeinschaft frei nutzbar.

2.8.4 Aktuelle Presseberichterstattung

Aktuelle bzw. noch nicht historische Zeitungsartikel finden Sie vor allem in kommerziellen Datenbanken. Ein großer Anbieter von Zeitungsartikeln ist z. B. **Genios Pressequellen**, ein Informationsportal, das über 300 Zeitungen tagesaktuell auswertet. Dabei stehen deutschsprachige Zeitungen im Vordergrund, aber auch die internationale Presse wird in Auswahl angeboten. Die Recherche im Genios Datenbestand ist kostenfrei, die Nutzung der Artikel jedoch muss bezahlt werden.

Achtung: Einige Zeitungen wie z. B. die ZEIT bieten in verlagseigenen Webarchiven kostenlose Online Versionen ihrer früheren Ausgaben an, deren Nutzung im Gegensatz zur Nutzung derselben Artikel bei Genios nicht bezahlt werden muss.

DIE ZEIT Nr. 02 - 03. Januar 1975 - Seite 8
Aus dem Archiv bei ZEIT ONLINE:
http://www.zeit.de/1975/02/krisenherde-des-jahres-1974

Krisenherde des Jahres 1974

Abb. 65: Artikel aus der ZEIT vom 3. 1. 1975

Eine Auswertung von über 30 Tageszeitungen und einiger weiterer Quellen wie z. B. dem Informationsdienst Wissenschaften bietet der **Nachrichtendienst für Historiker.** Die Nutzung ist kostenlos, die Suche nach Artikeln ist jedoch nur nach Daten oder innerhalb der Artikelvolltexte (ohne Einschränkungsmöglichkeiten) möglich. Da eine Archivierung der verzeichneten Artikel nicht stattfindet, ist es von Zeitung zu Zeitung unterschiedlich, wie lange die jeweiligen Texte auf der Website zu finden sind.

2.9 Bild-, Ton- und Filmquellen

2.9.1 Bildquellen

Bilder – etwa Gemälde, Stiche, Zeichnungen Fresken oder Abbildungen auf Wappen und Münzen – werden schon seit langer Zeit genutzt, um Mitmenschen oder nachfolgenden Generationen, Lebensumstände und Wahrnehmungen zu veranschaulichen. Mit der Einführung und Entwicklung der Fotografie ab dem 19. Jahrhundert erhielten Bilder als historische Quelle eine deutlich steigende Bedeutung. Trotzdem wurden Bilder in den Geschichtswissenschaften bis zum späten 20. Jahrhundert wenig beachtet und dementsprechend nur unzureichend von Bibliotheken, Archiven und anderen Institutionen gesammelt oder erschlossen. Seit den 80er Jahren des 20. Jahrhunderts bemühen sich mehr und mehr Institutionen, die Bilder in größerer Zahl besitzen, diese zu erschließen und der Forschung als Quelle nutzbar zu machen.

Vorsicht! Bei der Nutzung von Bildern als historische Quelle sind neben den üblichen Kenntnissen zur Quellenkritik (Autor, Absicht, Entstehungszusammenhang, Auftraggeber etc.) häufig kunsthistorische Kenntnisse (z. B. zur Stilkunde oder Allegorik) nötig, um die Bildsprache entschlüsseln zu können. Dieses Wissen vermitteln kunsthistorische Lexika und Nachschlagewerke!

Bei der Suche nach Bildern zu historischen Themen bieten sich heute einige elektronische Bildarchive an, große Bildmengen liegen jedoch meist in konventioneller Form vor und müssen in Museen, Archiven und Bildagenturen genutzt werden.

Bildarchive mit umfangreichem Material zu historischen Themen sind unter anderen:

Das **digitale Bildarchiv des Bundesarchivs,** das ca. 11 Millionen Bilder zur deutschen Geschichte mit einem deutlichen Schwerpunkt auf der Geschichte des 20. Jahrhunderts umfasst. Davon ist bisher ein kleiner Teil (ca. 250 000 Bilder), ein „repräsentativer Ausschnitt" in einer frei verfügbaren Datenbank recherchierbar, bei Bedarf – nach Anmeldung und evtl. gegen eine Gebühr – auch herunterzuladen. Die Bilder sind sehr gut erschlossen und nach vielen Kriterien, auch thematisch, suchbar. Die Datenbank wird stetig ausgebaut. Wenn Sie den nicht digitalisierten Anteil des Bestandes in Ihre Bildsuche einbeziehen möchten, ist eine schriftliche Anfrage an das Bundesarchiv nötig. Das Bundesarchiv kooperiert auch mit Wikimedia Commons (s. S. 109) und veröffentlicht Bilder über dieses Portal. Bilder von Personen sind zum Teil mit Links zu Wikipedia-Artikeln versehen.

Abb. 66: Bildsammlung „Berliner Mauer" im Bildarchiv des Bundesarchivs

In der **deutschen Fotothek**, einer Abteilung der Sächsischen Landesbibliothek – Staats- und Universitätsbibliothek Dresden, kann man in
über 1,2 Mio. digitalen Bildern (ca. einem Drittel des Gesamtbestandes)
aus der Fotothek und weiteren Partnereinrichtungen recherchieren.
Thematische Schwerpunkte der Bilddatenbank liegen auf der DDR-
Geschichte und der DDR-Kunstgeschichte sowie auf der Geschichte
Sachsens und der Technik- und Wirtschaftsgeschichte.

Das **Bildarchiv des Deutschen Historischen Museums** enthält
weit weniger Bilder (26 000), die sich aus Fotographien von Muse-
umsobjekten, aus Sammlungen einiger Fotographen und Bildern
aus dem Bildarchiv des ehemaligen Museums für Deutsche Geschichte
der DDR zusammensetzen. Kopien der gefundenen Bilder können beim
Deutschen Historischen Museum bestellt werden.

Die **bpk Bildagentur für Kunst, Kultur und Geschichte, Stiftung
Preußischer Kulturbesitz**, hält über 12 Mio. Bilder, vornehmlich aus
den Bereichen Kunst- und Kulturgeschichte bereit, von denen jedoch
nur ein kleiner Teil digital vorliegt.

Das kostenpflichtige Bildarchiv **prometheus** bietet digitalisierte
Bildbestände aus über 62 Bildarchiven über eine Suchoberfläche an.
Es handelt sich um Bilder aus den Bereichen Kunst- und Kulturwissenschaften, Theologie, Geschichte und Archäologie. Sowohl die Suche
als auch die Verwaltung und Präsentation der gefundenen Ergebnisse
sind sehr professionell gestaltet.

Auch kommerzielle Bildagenturen wie z. B. **shutterstock** oder **Corbis,** deren Angebot vor allem für Werbung und Marketing entwickelt wurde, können bildliche Quellenmaterialien für Historiker bieten. Hier ist jedoch die Nutzung der Bilder immer mit Kosten verbunden. Kostenfreie Bilder sind bei **Wikimedia Commons** zu finden, einer Mediensammlung für gemeinfreie und frei lizensierte Medieninhalte. Dort stellen Privatpersonen sowie wissenschaftliche Institutionen ihre Bilder zur weiteren Nutzung zur Verfügung. Alle Bilder können ohne weitere Nachfrage und kostenlos mit Hinweis auf den Urheber verwendet werden, die jeweilige Lizenz jedes Bildes (*Creative Commons Lizenz*) gibt darüber Auskunft, ob und wie die Bilder verändert oder kommerziell genutzt werden können.

Mit **Bildersuchmaschinen**, die bekannteste ist in diesem Bereich wiederum **Google Bilder,** finden Sie schnell sehr viele Bilder, müssen sich aber wiederum mit den Ihnen bereits bekannten Nachteilen einer solchen „Quick and Dirty"-Suche abfinden, unter anderem mit
– einer unzureichenden Erschließung der Bilder, so dass unter Umständen suboptimale Suchergebnisse erzielt werden,
– einer sehr unterschiedlichen Bildqualität,
– evtl. unklaren urheberrechtlichen Verhältnissen, so dass vor einer legalen Nutzung des Bildes Kontakt zum Anbieter aufgenommen werden muss.

2.9.2 Tondokumente als historische Quelle

Für Zeithistoriker können seit der Einführung des Hörfunks zu Beginn des 20. Jahrhunderts auch Tondokumente eine aussagekräftige Quelle sein. Sie spielen jedoch in der Realität der historischen Wissenschaft oft eine untergeordnete bzw. veranschaulichende Rolle.

Die Sammlung von Tondokumenten ist eine schwierige Aufgabe, weil die dazugehörigen Tonträger sowie deren jeweilige Haltbarkeit völlig unterschiedlich sind. Die Bandbreite reicht von Wachszylindern (Edison Walzen) über Schallplatten und Audiokassetten bis zu digitalen Audiodateien. Um die Zugänglichkeit der Audioquellen zu sichern, werden auch Tondokumente von den sie sammelnden Stellen zunehmend digitalisiert.

In Deutschland werden Audiodokumente vor allem vom Deutschen Rundfunkarchiv und vom Deutschen Musikarchiv gesammelt und erschlossen.

Die Tondokumente (sowie die gesammelten Abspielgeräte) des **Deutschen Rundfunkarchives (DRA),** einer Stiftung der ARD mit Sitz in

Potsdam Babelsberg und Frankfurt/Main, sind zu einem großen Teil in der **Z**entralen DRA-**W**ort-**M**usik-Datenbank (ZWM) nachgewiesen. Die ZWM-Datenbank ist mit einem digitalen Audioarchiv verbunden, so dass alle digitalisierten Dokumente sofort gehört werden können. Allerdings ist nur ein kleiner Teil der Datenbank öffentlich nutzbar, den größeren Teil können lediglich Mitarbeiter der ARD nutzen. Bei Bedarf gibt es die Möglichkeit, Anfragen an das Deutsche Rundfunkarchiv zu richten.

Das **Deutsche Musikarchiv** in Leipzig ist eine Abteilung der Deutschen Nationalbibliothek und sammelt seit 1970 jeweils zwei Exemplare jedes in Deutschland produzierten Tondokumentes. Auch Audiodokumente aus Nachlässen und weitere ältere Materialien gehören zur Sammlung des Deutschen Musikarchives. Die Tonträger sind (bis 1976 zurückreichend) in einem frei verfügbaren Online-Katalog verzeichnet, die neueren Audiodokumente können im Gesamtkatalog der Deutschen Nationalbibliothek gesucht werden.

2.9.3 Filme als historische Quelle

Filme werden noch stärker als Tondokumente zur Vermittlung historischer Gegebenheiten – meist mit unterhaltenden Elementen – verwendet. Die Nutzung von Filmen als Quelle der historischen Forschung ist demgegenüber eher gering. Da Filme jedoch die Kultur und Gesellschaft des 20. Jahrhunderts sehr stark geprägt haben, werden Filmquellen in der zeithistorischen Forschung zum 20. Jahrhundert und später eine wachsende Rolle spielen.

Informationen über Filme erhalten Sie unter anderem mithilfe folgender Ressourcen:

Die **Website Film und Geschichte der FH Hannover** führt in den Umgang mit Filmen als historische Quelle ein. Filme sind noch stärker als einzelne Bilder zugleich eine Abbildung der Realität und deren subjektive Einordnung (durch die Auswahl der Bilder, Einstellungen, Perspektiven ...). Sie müssen aus diesem Grund unter anderen quellenkritischen Gesichtspunkten betrachtet werden als Texte. Darüber hinaus bietet die Website Hinweise zur Recherche von Filmen sowie die Vorstellung und Kommentierung einzelner Filme zu unterschiedlichen Themen und Zeiten.

Die **Virtuelle Fachbibliothek medien bühne film** bietet in ihrem Teil für Filme diverse Module an, z. B. einen Webkatalog, der zahlreiche Websites zum Thema Film verzeichnet. Zu beachten ist, dass die Virtuelle Fachbibliothek sich primär an Medienwissenschaftler, weniger an

Historiker richtet. Über weitere Module kann in Katalogen und Datenbanken nach filmwissenschaftlichen Informationen gesucht werden.

Die filmographischen Angaben zu Filmen oder Filmkopien sind in Deutschland weder zentral gesammelt noch zentral in einer „Nationalen Filmographie" verzeichnet. Daher ist die Recherche nach Filmen unter Umständen mühselig. Zwei Ressourcen, die Ihnen bei der Suche nach Filmen weiterhelfen können, sind:

Der Verbundkatalog Film (VK Film), ein Metakatalog, der die Filmmaterialien aus 15 Institutionen, darunter der Deutschen Kinemathek in Berlin, der Filmbibliothek in Frankfurt/Main und der Hochschule für Film und Fernsehen in Potsdam Babelsberg verzeichnet. Sie können wählen, ob Sie im VK Film Gesamtbestand sowohl nach Filmen als auch nach zugehörigen Sekundärmaterialien oder in einem Teilausschnitt nur nach den Filmen selbst suchen möchten. Da der Katalog von einem Bibliotheksverband angeboten wird, ähnelt die Suche einer Recherche nach Texten in Bibliotheken.

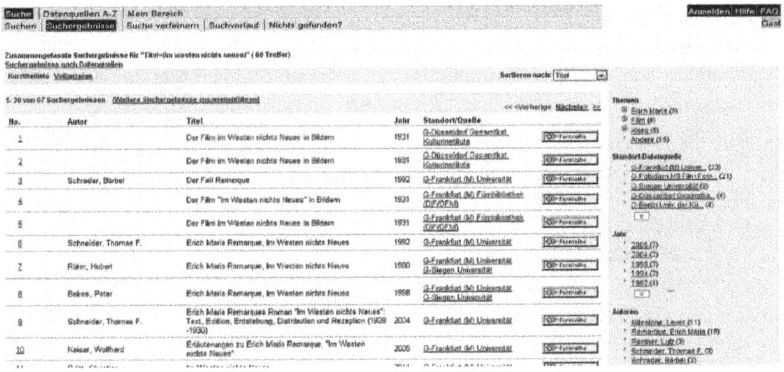

Abb. 67: Suchergebnisse im VK Film

Aus der Ergebnisanzeige heraus haben Sie die Möglichkeit, einen gefundenen Film auf dem Weg der Fernleihe zu bestellen.

Die **Landesfilmstellen bzw. Landesmediendienste** der Bundesländer bieten Filme und weitere Materialien wie Dias oder Unterrichtsmaterialien zur Ausleihe bzw. über Web TV oder als digitales Video auf Bestellung an. Zur Recherche kann die Website der Landesfilmdienste genutzt werden.

Im Bundesarchiv in Berlin können ebenfalls zahlreiche deutsche Filme, oftmals mit dazugehörigen Unterlagen z.B. Zensurunterlagen oder Verleihkatalogen, die zur Rezeptionsgeschichte des jeweiligen Films Auskunft geben können, gefunden werden. Eine Möglichkeit der

Online Recherche besteht hier jedoch nicht, eine schriftliche Anfrage oder ein Besuch im Bundesarchiv sind für die Arbeit mit diesem Bestand notwendig.

2.10 Exkurs: Historische Hilfswissenschaften

Historische Hilfswissenschaften dienen der Aufbereitung und Einordnung unterschiedlicher historischer Quellen.

In den historischen Hilfswissenschaften stehen die formalen und materiellen Kriterien einer Quelle im Vordergrund, der Inhalt ist zunächst zweitrangig. Sie sind aus dem Wunsch heraus entstanden, gefälschte Urkunden oder andere Quellen als solche zu erkennen. Der Begriff der historischen Hilfswissenschaften wurde erstmals im 18. Jahrhundert nachgewiesen, die Methoden zur Einordnung von Quellen wurden jedoch schon früher angewendet.

Zu den historischen Hilfswissenschaften gehören traditionell folgende Teilgebiete:
die **Diplomatik** (Urkundenlehre) zusammen mit
der **Sphragistik** (Siegelkunde),
die **Paläographie** (Lehre der Schriftentwicklung),
die **Chronologie** (Lehre der Zeitrechnung),
die **Kodikologie** (Handschriftenkunde),
die **Epigraphik** (Inschriftenkunde),
die **Heraldik** (Wappenkunde),
die **Genealogie** (Geschlechterkunde),
die **Numismatik** (Münzkunde),
die **Historische Geographie**,
die **Realienkunde**

Auch kleinere Themenfelder wie z.B. die **Phalleristik** (Herrschaftszeichenkunde) oder die **Vexikologie** (Flaggenkunde) werden den Historischen Hilfswissenschaften zugeordnet. Der Kanon der historischen Hilfswissenschaften ist jedoch nicht abgeschlossen, neue Arten historischer Quellen lassen neue Zweige der Historischen Hilfswissenschaften entstehen, seit einiger Zeit wird z.B. die **Historische Fachinformatik** als solche eingeordnet.

Die Historischen Hilfswissenschaften, ihre Methoden und ihre Hilfsmittel bzw. Rechercheinstrumente an dieser Stelle ausführlich zu behandeln, wäre bei weitem zu umfangreich, daher werden beispielhaft zwei Einführungen, eine Virtuelle Fachbibliothek und eine Bibliographie kurz benannt, so dass Ansatzpunkte aufgezeigt sind, um evtl. tiefer in die sehr spezialisierten Recherchemöglichkeiten einzelner Hilfswissenschaften „einzusteigen".

Die sicher bekannteste – und nach wie vor sehr gute – Einführung in die Historischen Hilfswissenschaften in Buchform ist Ahasver von Brandts **Werkzeug des Historikers,** das 2007 bereits in 17. Auflage – inzwischen von Franz Fuchs aktualisiert – erschien.

Das **virtuelle Online Tutorium zu den Historischen Hilfswissenschaften** von Prof. Dr. Thomas Frenz (Universität Passau) bietet eine übersichtliche Einführung in die einzelnen Hilfswissenschaften und ihre Arbeitsweise.

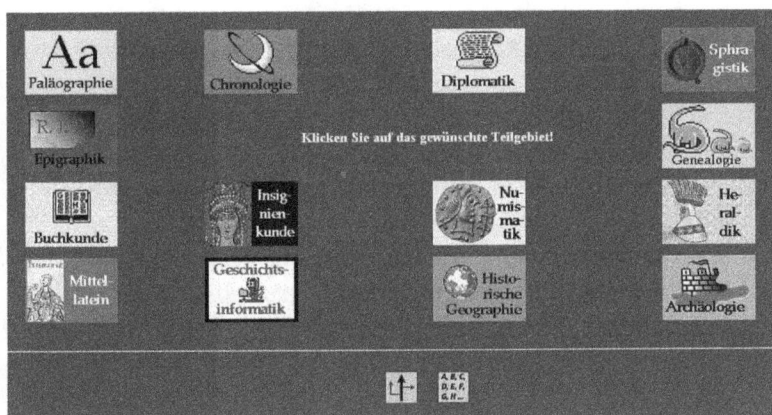

Abb. 68: Online Tutorium Historische Hilfswissenschaften der Universität Passau

Einen Überblick über die wichtigsten Informationsressourcen der Historischen Hilfswissenschaften erhalten Sie über die **Virtual Library Historische Hilfswissenschaften** in Form einer ausführlichen Linkliste – leider ohne Suchmöglichkeit.

Fachliteratur, sowohl Bücher als auch Aufsatzliteratur sind in der **Bibliographischen Datenbank Historische Grundwissenschaften** verzeichnet, nach ihrem Begründer auch bibliographische Datenbank Georg Vogeler genannt. Sie können per Suchmaske in der Datenbank recherchieren oder mittels einer Fachsystematik auf die Titel zugreifen.

3 Informationen weiterverarbeiten

3.1 Bewertung von Suchergebnissen

In vielen Fällen ist aus einer großen Auswahl an gefundenen Daten das herauszufiltern, was gelesen und weiterverwendet werden kann. Folgende Kriterien *können* Ihnen bei der Auswahl helfen.

– Gibt es zu diesem Text ein **Inhaltsverzeichnis**? Enthält das Inhaltsverzeichnis Stichworte, nach denen Sie suchen?
– Gibt es zu diesem Dokument einen **Abstract,** das den Inhalt zusammenfasst?
– Hat diesen Text schon jemand analysiert und seine Beurteilung in einer sogenannten **Rezension** veröffentlicht? Geschichtswissenschaftliche Rezensionen sind in wichtigen Fachzeitschriften wie z. B. der Historischen Zeitschrift, in geschichtswissenschaftlichen Datenbanken, vor allem aber über geschichtswissenschaftliche Internetportale wie Clio-online (bzw. dem dazugehörigen Kommunikationsportal H-Soz-u-Kult, s. S. 92) und historicum.net (Sehepunkte, s. S. 89) zu finden. Für geisteswissenschaftliche Rezensionen gibt es eine ausführliche Spezialbibliographie: die **Internationale Bibliographie der Rezensionen (IBR).** In der IBR-Datenbank (die von vielen Bibliotheken lizensiert ist) können Sie ebenfalls nach geschichtswissenschaftlichen Rezensionen zu Ihrem Thema suchen.
– **Autor:** Wer ist für den Text verantwortlich? Wie ist dessen wissenschaftlicher Hintergrund? Verfolgt der Autor bestimmte Absichten?

Neben diesen allgemeingültigen Faktoren gibt es noch einige weitere Kriterien bei der Einschätzung bestimmter Textformen.

3.1.1 Bücher (Monographien)

– **Verlag:** In welchem Verlag ist das Buch erschienen? Welche Veröffentlichungen findet man außer dieser im jeweiligen Verlag?
– **Schriftenreihe:** Ist die Veröffentlichung innerhalb einer wissenschaftlichen Schriftenreihe erschienen? Wie sind andere Bände der Reihe einzuordnen?

3.1.2 Zeitschriftenartikel

- **Zeitschrift:** In welcher Zeitschrift ist der Artikel erschienen? Handelt es sich um eine Zeitschrift, in der die Beiträge vor der Veröffentlichung von Wissenschaftlern überprüft werden? (Peer Reviewing)
- **Herausgeber:** Wer gibt die Zeitschrift heraus?

3.1.3 Internetveröffentlichung

Da die Veröffentlichung in Internet einfach und schnell für jeden realisierbar ist, ist bei Internetveröffentlichungen eine genauere Qualitätsprüfung als bei gedruckten Medien angeraten. Folgende Kriterien können dabei hilfreich sein:

- **Website:** Wo und von wem wurde das Dokument veröffentlicht? Handelt es sich bei der Website um eine private Internetseite, um die Seite einer wissenschaftlichen Organisation, eines Verlages oder – im besten Fall – um den Dokumentenserver einer wissenschaftlichen Institution?
- **Dauerhaftigkeit:** Ist das Dokument dauerhaft zugänglich? Davon können Sie vor allem bei Dokumentenserver öffentlicher wissenschaftlicher Einrichtungen ausgehen. (Sonst sollten Sie eine Kopie speichern, falls Sie es später zitieren möchten.)
- **Aktualisierung:** Ist damit zu rechnen, dass das Dokument ständig geändert wird oder handelt es sich um länger gültige Informationen? Ein Hinweis darauf kann das Format des Dokumentes sein: das PDF-Format wird zur dauerhafteren Speicherung von Dokumenten benutzt als z. B. HTML.

3.2 Beschaffen von Literatur

Nach der Recherche von Literaturangaben folgt in der Regel die Beschaffung des eigentlichen Textes. Handelt es sich um einen für Sie zugänglichen elektronischen Text, sind dafür nur wenige Klicks erforderlich, bei gedruckter Literatur reicht in vielen Fällen die Recherche und Bestellung im Online-Katalog der lokalen Bibliothek. Sollten beide Voraussetzungen nicht zutreffen, ist eine Beschaffung der Literatur auf anderen Wegen erforderlich. Hierzu gibt es, neben einem Kauf der Literatur im Buchhandel oder Antiquariat, vor allem drei Alternativen:

Fernleihe: Eine Bestellung per Fernleihe zeichnet sich dadurch aus, dass Sie die gewünschten Texte in Ihrer Bibliothek bestellen und   *Fernleihe* alle weiteren Vorgänge zwischen Ihrer und der Bibliothek, die den gewünschten Text besitzt, abgewickelt werden. Wenn das Medium geliefert wurde, ist es in der Bibliothek, in der es bestellt wurde, abzuholen. Eine Fernleihe kostet eine geringe Gebühr, kann allerdings etwas Zeit in Anspruch nehmen. Für alte oder sehr wertvolle Drucke sind Fernleihen ausgeschlossen.

Recherche und Bestellung bei einem **Dokumentlieferdienst:** Die Bestellung von Texten bei einem Dokumentlieferdienst, der größte und bekannteste deutschsprachige ist *subito – Dokumente aus Bibliotheken e. V.*, hat die Vorteile der deutlich größeren Schnelligkeit und der Lieferung an Ihren Wohnort (z. B. per Fax, Post oder Mail). Sie ist allerdings mit höheren Kosten verbunden als eine Fernleihe. Sinnvoll ist eine Bestellung bei einem Dokumentlieferdienst vor allem bei Aufsätzen, die als Kopie (die nicht zurückgegeben werden muss) zugeschickt werden.

E-Books on demand: Bibliotheken mit größeren Digitalisierungszentren wie z. B. die beiden Staatsbibliotheken in Berlin und München oder die Sächsische Landesbibliothek Staats- und Universitätsbibliothek Dresden bieten auch den Service, Texte gegen Gebühren zu digitalisieren und als elektronisches Dokument zur Verfügung zu stellen. Die Kosten hierfür differieren deutlich.

Tipp

Prüfen Sie vor einer Bestellung eines E-Books on demand auf jeden Fall, ob der Text nicht über Google books oder die Volltextdatenbanken einer Bibliothek oder Universität kostenfrei zur Verfügung steht.

Verfügbarkeitsrecherche

Folgende Grafik kann Ihnen den Vorgang der Beschaffung eines gewünschten Mediums (Verfügbarkeitsrecherche) verdeutlichen.

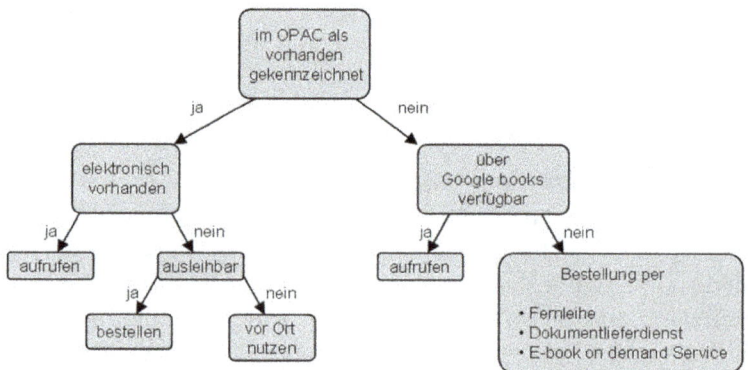

Abb. 69: Verfügbarkeitsrecherche

3.3 Export von Rechercheresultaten

Wie Rechercheresultate aus gedruckten Medien „herauszuholen" sind, ist schnell beschrieben: Es besteht die Wahl zwischen Abschreiben und Kopieren. Nach der Recherche in Datenbanken können die Resultate jedoch in der Regel in Ergebnislisten gesammelt und von dort aus auf unterschiedliche Art und Weise weiterverarbeitet werden:

- **Abspeichern:** Ergebnislisten können Sie auf eigenen Datenträgern oder, wenn die Datenbank diese Möglichkeit bietet, in einem personalisierten Arbeitsbereich („My Datenbank") auf Dauer abspeichern. Innerhalb eines solchen personalisierten Bereichs werden häufig auch noch Zusatzfunktionen angeboten, wie z. B. die Speicherung von Suchanfragen, die in bestimmten Zeitabständen wiederholt durchgeführt und über deren Ergebnisse Sie automatisch informiert werden (sog. Alert Dienste).
- **Ausdrucken**
- **E-Mail Versand:** Versand von Resultaten an sich selbst oder andere.
- Weiterverarbeitung in **Literaturverwaltungsprogrammen:** Literaturverwaltungsprogramme bieten, wie im nächsten Kapitel genauer erläutert, umfassende Möglichkeiten, Rechercheergebnisse zu verwalten und in eigene Arbeiten zu integrieren.

3.4 Literaturverwaltungsprogramme

Literaturnachweise und Zitate auf Zetteln oder in Karteikästen zu sammeln, um sie später in Fußnoten, Textbelegen oder Literaturverzeichnissen benutzen zu können, gehört seit der Etablierung der Literaturverwaltungsprogramme der Vergangenheit an. Ein Literaturverwaltungsprogramm beinhaltet mindestens folgende Funktionen:

Erfassen von Literaturnachweisen und Zitaten: die Daten können eingetippt, aber auch aus Datenbanken, Katalogen und elektronischen Dokumenten „übernommen" werden, sofern die in den jeweiligen Datenbanken genutzten Formate das zulassen. Die großen Literaturverwaltungsprogramme wie Citavi, EndNote oder RefWorks bieten auch integrierte Datenbanken zur Suche an, so dass auch die Suche nach Literatur aus dem Literaturverwaltungsprogramm heraus erfolgen kann.

Die Suche aus Literaturverwaltungsprogrammen angeschlossenen Datenbanken heraus ist sehr komfortabel. Sie sollten jedoch prüfen, ob die Inhalte der Datenbanken für Ihre Suchanfrage überhaupt geeignete Ergebnisse bringen können! **Achtung**

Bearbeitung der erfassten Daten: Sie können die Literaturnachweise und Texte verändern, z. B. Schlagworte oder Notizen ergänzen, um das spätere Wiederauffinden zu erleichtern, oder die aufgenommenen Daten nach unterschiedlichen Kriterien zu sortieren.

Ausgabe der Daten: Zitate, Notizen und Literaturnachweise können in Dokumente übernommen werden, Fußnoten und Literaturverzeichnisse werden automatisch generiert. Dabei besteht die Möglichkeit, zwischen unterschiedlichen Darstellungsformen für Literaturangaben, sogenannten „Zitierstilen" zu wählen oder eigene Stile zu entwickeln.

Einige Literaturverwaltungsprogramme bieten weitere Funktionalitäten wie z. B.

- **Wissensorganisation,** das heißt Erstellung von Textgliederungen, Übernahme von Volltexten im PDF Format (Citavi, Zotero) ...
- **Webbasierte Zusammenarbeit** mit anderen, z. B. einer Projektgruppe (EndNote, Zotero, RefWorks)
- Aussortieren doppelt übernommener Titel – im Bibliotheksdeutsch **„Dublettencheck"** genannt (Citavi, EndNote, RefWorks)

Die meisten Literaturverwaltungsprogramme sind kostenpflichtig, es gibt allerdings auch kostenlos zu nutzende (Zotero, Citavi bei einer Nutzung für Projekte mit nicht mehr als 100 Titeln). Viele Universitäten bieten Ihren Mitgliedern ein oder mehrere lizensierte Literaturverwaltungsprogramme zur Nutzung an.

3.5 Zitieren

Die ursprünglich Bernhard von Chartres zugewiesene Metapher der Zwerge, die auf den Schultern von Riesen fähig werden, die Riesen zu überragen, ließ und lässt sich leicht auf die Wissenschaft übertragen. Indem wir auf den Erkenntnissen vorhergehender Generationen aufbauen, sind wir fähig, kleine Schritte weiter zu denken als sie oder alte Ergebnisse zu verwerfen. So funktionieren Wissenschaft und Fortschritt in großen Teilen. Als Zwerg jedoch so zu tun als wäre man per se größer als der Riese ist unlauter und auf die Dauer unglaubwürdig. Daher gibt man die für eine Arbeit genutzten Ideen anderer sowie Quellen und Literatur an. Quellenangaben im Text, in Fußnoten und in Literaturverzeichnissen dienen der Überprüfbarkeit einer Argumentation und der späteren Diskussion von Thesen. Sie beweisen mit der Nutzung von Zitaten, inwieweit Sie die Forschungsliteratur zur Kenntnis genommen haben und den bisher diskutierten Thesen folgen oder ihnen widersprechen. Fehlen die Quellenangaben, obwohl Argumentation oder Formulierung nicht von Ihnen stammen, spricht man von einem Plagiat (s. S. 125 f.).

3.5.1 Was wird zitiert?

–   Untersuchte Quellen
–   Argumentationsfolgen und Ideen anderer Wissenschaftler
–   Formulierungen aus genutzter Sekundärliteratur

Nicht zitieren müssen Sie Wissen, das als allgemein anerkannt gilt, das z. B. als Fakten in allgemeinen Enzyklopädien zu finden ist.

Achten Sie darauf, dass Sie wissenschaftlich anerkannte Quellen und Literatur benutzen – ein Wikipedia Artikel, Informationen einer privaten Website oder eines Illustrierten-Artikels reichen als Belege für eine geschichtswissenschaftliche These nicht aus!   **Tipp**

3.5.2 Wie wird zitiert?

Vor der Erstellung von Fußnoten oder einem Literaturverzeichnis sollte ein Zitierstil (oder Zitationsstil) festgelegt werden. In diesem Zitationsstil ist die Form von Fußnoten und Literaturangaben genau festgelegt, z. B. wie viele Vornamen von Autoren und Herausgebern aufgenommen werden, mit welchen Zeichen die bibliographischen Angaben voneinander getrennt werden etc. Einen festgelegten, einheitlichen Zitierstil der Geschichtswissenschaften in Deutschland gibt es nicht. An den Universitäten werden häufig die in gängigen Fachzeitschriften üblichen Stile verwendet. Vor der Festlegung auf einen Stil ist es sinnvoll, sich beim Betreuer der wissenschaftlichen Arbeit zu erkundigen, ob für die Zitierweise bestimmte Regeln gelten sollen. Literaturverwaltungsprogramme bieten häufig eine Vielzahl an Zitierstilen an, aus denen ein passender ausgewählt oder kreiert werden kann. Durch die Nutzung eines Literaturverwaltungsprogrammes können zudem formale Fehler nach der einmaligen korrekten Festlegung eines Zitierstiles vermieden werden.

Der einmal gewählte Stil des Zitierens ist im gesamten Dokument durchzuhalten!   **Wichtig**

Grundsätzlich wird zwischen zwei Arten des Zitierens unterschieden:

Der **amerikanischen Zitierweise**, in der die genutzte Quelle in Kurzform hinter die jeweilige Textstelle eingefügt wird und vollständig erst im Literaturverzeichnis zu finden ist, oder dem im deutschsprachigen Gebiet üblicheren **Zitieren mit Fußnoten**, bei dem die entsprechende Textstelle eine Fußnotennummer erhält und der Text der Fußnote unten stehend auf der Seite erscheint. Dabei wird jede Quelle, die zum ersten Mal in einer Fußnote zu finden ist, ausführlich genannt, in späteren Fußnoten reichen eine Kurzform und der Hinweis auf die erste ausführliche Fußnote.

Grundregeln des Zitierens

Es gibt **allgemeine Regeln des Zitierens**, deren Einhaltung für eine wissenschaftliche Arbeit selbstverständlich sein sollte:

- Für das Zitat wird die **Originalquelle** oder eine **wissenschaftliche Edition** genutzt.
- Es wird aus der **neuesten Auflage** der Literatur, möglichst in **Originalsprache,** zitiert.
- Zitate und Quellen werden nicht ungeprüft aus der Sekundärliteratur übernommen, sie sollten aus **„erster Hand"** zitiert werden.
- **Wörtliche Zitate sind mit Anführungszeichen** zu kennzeichnen. Wenn innerhalb der wörtlichen Zitate etwas ausgelassen, hinzugefügt oder hervorgehoben wird, ist das ebenfalls unbedingt kenntlich zu machen.
- Wörtliche Zitate sind mit allen darin enthaltenen Besonderheiten und Fehlern zu übernehmen.
- Zur Wiedergabe **indirekter Zitate** ist der Konjunktiv zu nutzen, die Quellenangabe in der Fußnote wird mit „vgl." (vergleiche) oder „s." (siehe) eingeleitet.
- Am Ende der Arbeit ist ein **Literaturverzeichnis** (oft getrennt nach Quellen und Sekundärliteratur) zu erarbeiten, das in alphabetischer Reihenfolge alle genutzten Werke aufführt.

Dokumenttypen

Um korrekt zitieren zu können, sollten Sie **Literaturtypen** unterscheiden können, da unterschiedliche Typen verwendeter Dokumente unterschiedlich zitiert werden. Die wichtigsten Typen wissenschaftlicher Literatur sind die folgenden:

– **Monographie** (Verfasserwerk): Buch eines oder mehrerer Autoren
– **Sammelwerk:** Sammlung von Beiträgen mehrerer Autoren, von einem oder mehreren Herausgebern verantwortet
– **Aufsatz aus einem Sammelwerk**
– **Wissenschaftliche Zeitschrift:** in bestimmten Abständen immer wieder unter dem gleichen Titel erscheinendes Werk, das in der Regel mehrere Aufsätze enthält
– **Aufsatz aus einer wissenschaftlichen Zeitschrift**

Elemente einer bibliographischen Beschreibung

Üblicherweise sind mindestens folgende **Elemente**, die dem Wiederauffinden des beschriebenen Werkes dienen, in der **bibliographischen Beschreibung** einer Monographie oder eines Beitrages aus einem Sammelwerk enthalten:

– **Name des Autors** oder Herausgebers
– **Titel**
– **Titel des Einzelbeitrages** (bei Zitat eines Aufsatzes in einem Sammelband)
– Titel der **Reihe,** sofern es sich um eine Reihe handelt, deren Einzelbände nummeriert sind
– **Verlagsort**
– **Auflage** (falls es mehrere gibt)
– **Erscheinungsjahr**
– **Seitenzahl**

Bei der Angabe eines **Zeitschriftenaufsatzes** kommen noch folgende Elemente hinzu:

– **Zeitschriftentitel**
– **Jahrgang**
– **Bandnummer**

Beispiele

Angelehnt an den Zitierstil der Historischen Zeitschrift (für die Erfordernisse längerer wissenschaftlicher Arbeiten leicht verändert), können Literaturangaben der wichtigsten Dokumenttypen in Fußnoten und im Literaturverzeichnis aussehen wie in den folgenden Beispielen gezeigt.

1. Monographie

Literaturverzeichnis:
Nachname des Autors, Vorname des Autors: Titel. Untertitel. (Reihentitel, Bandnr.) Auflage Verlagsort Erscheinungsjahr.

Morsey, Rudolf: Die Bundesrepublik Deutschland. Entstehung und Entwicklung bis 1969. (Oldenbourg Grundriss der Geschichte, 19.) 5. Aufl. München 2007.

Fußnote ausführlich (Titel wurde noch in keiner vorherigen Fußnote erwähnt):
Nachname des Autors, Vorname des Autors: Titel. Untertitel. (Reihentitel, Reihennr.) Auflage Verlagsort Erscheinungsjahr, Seitenzahl.

Morsey, Rudolf: Die Bundesrepublik Deutschland. Entstehung und Entwicklung bis 1969. (Oldenbourg Grundriss der Geschichte, 19.) 5. Aufl. München 2007, 12–14.

Fußnote Kurzform:
Nachname des Autors, Kurztitel (wie Anm. erste Fußnotennummer, Seitenzahl).

Morsey, Bundesrepublik (wie Anm. 34, S. 21–23).

2. Aufsatz aus einem Sammelwerk

Literaturverzeichnis:
Nachname des Autors, Vorname des Autors: Titel, in: Herausgeber des Sammelwerkes, Titel des Sammelwerkes. Verlagsort Erscheinungsjahr, Seitenzahl.

Exner, Matthias: Ottonische Herrscher als Auftraggeber im Bereich der Wandmalerei, in: Althoff, Gerd/Schubert, Ernst (Hrsg.), Herrschaftsrepräsentation im ottonischen Sachsen. Sigmaringen 1998, 103–135.

Fußnote ausführlich:
Nachname des Autors, Vorname des Autors: Titel, in: Herausgeber des Sammelwerkes (Hrsg.), Titel des Sammelwerkes. Verlagsort Erscheinungsjahr, Seitenzahl.

Exner, Matthias: Ottonische Herrscher als Auftraggeber im Bereich der Wandmalerei, in: Althoff, Gerd/Schubert, Ernst (Hrsg.), Herrschaftsrepräsentation im ottonischen Sachsen. Sigmaringen 1998, 103–106.

Fußnote Kurzform:

Nachname des Autors, Kurztitel (wie Anm. erste Fußnotennummer, Seitenzahl).

Exner, Ottonische Herrscher als Auftraggeber (wie Anm. 2, S. 108)

3. Zeitschriftenaufsatz

Literaturverzeichnis:

Nachname des Autors, Vorname des Autors: Titel, in: Zeitschriftentitel Bandnummer, Erscheinungsjahr, Seitenzahl, URL [falls es sich um ein E-Journal handelt].

Hunecke, Volker: Findelkinder und Findelhäuser in der Renaissance, in: Quellen und Forschungen aus italienischen Archiven 72, 1992, 123–153.

Fußnote ausführlich:

Nachname des Autors, Vorname des Autors: Titel, in: Zeitschriftentitel Bandnummer, Erscheinungsjahr, Seitenzahl, URL [falls es sich um ein E-Journal handelt].

Hunecke, Volker: Findelkinder und Findelhäuser in der Renaissance, in: Quellen und Forschungen aus italienischen Archiven 72, 1992, 123–124.

Fußnote Kurzform:

Nachname des Autors, Kurztitel (wie Anm. erste Fußnotennummer, Seitenzahl).

Hunecke, Findelkinder (wie Anm. 34, S. 135–136).

4. Internetdokument

Ähnlich wie bei im Druck erschienenen Dokumenten kann man auch bei Internettexten verschiedene Typen (Aufsatz in einem Sammelwerk oder einer Zeitschrift, monographischer Text) unterscheiden. Die Angaben ähneln denen, die beim Zitieren gedruckter Texte nötig sind. Zusätzlich sollten, damit eine spätere Überprüfbarkeit gewährleistet bleibt, die URL, das letzte Aktualisierungsdatum der Seite und das letzte Aufrufdatum angegeben werden. Für das Zitieren von Internetdokumenten gibt es in den Geisteswissenschaften bisher weniger Standards als für das Zitieren von Druckwerken. Angelehnt an die Zitierwiese der Historischen Zeitschrift kann die Zitierwiese für einen Online-Aufsatz in einem Sammelwerk folgendermaßen aussehen:

Literaturverzeichnis:
Nachname des Autors, Vorname des Autors: Titel, in: Herausgeber des übergeordneten Dokumentes (Hrsg.), Titel des übergeordneten Dokumentes. Erstellungsdatum/Datum der letzten Änderung, URL (Zugriffsdatum).

Hilbrenner, Anke: Jüdische Geschichte, in: Digitales Handbuch zur Geschichte und Kultur Russlands und Osteuropas, 26. 10. 2007, http://epub.ub.uni-muenchen.de/2055/1/Hilbrenner_JuedGeschichte.pdf (20. 11. 2011).

Fußnote ausführlich:
Nachname des Autors, Vorname des Autors: Titel, in: Herausgeber des übergeordneten Dokumentes (Hrsg.), Titel des übergeordneten Dokumentes, Erstellungsdatum/Datum der letzten Änderung, Seitenzahl, URL (Zugriffsdatum).

Hilbrenner, Anke: Jüdische Geschichte, in: Digitales Handbuch zur Geschichte und Kultur Russlands und Osteuropas, 26. 10. 2007, 20-22, http://epub.ub.uni-muenchen.de/2055/1/Hilbrenner_JuedGeschichte.pdf (20. 11. 2011).

Fußnote Kurzform:
Nachname des Autors, Kurztitel (wie Anm. erste Fußnotennummer, Seitenzahl).

Hilbrenner, Jüdische Geschichte (wie Anm. 4, S. 22–23).

3.6 Plagiate

Plagiarismus ist aufgrund einiger medienwirksamer Fälle zur Zeit ein in der deutschen Wissenschaft viel diskutiertes Thema.

Ein **Plagiat** ist die Übernahme fremder geistiger Leistungen ohne entsprechende Quellenangabe.

Sowohl die wörtliche Übernahme fremder Texte als auch die Aneignung fremder Ideen, die in eigenen Formulierungen niedergelegt werden – also das Paraphrasieren fremder Texte – gelten als Plagiate. Ein nachgewiesenes Plagiat ist kein Kavaliersdelikt, es kann ernstzunehmende Folgen haben. Dazu zählen z. B. der Ausschluss von einer Hochschule oder Prüfung, die Aberkennung verliehener akademischer Grade oder – u. a. im Fall einer nachgewiesenen Urheberrechts- bzw. Patentverletzung – strafrechtliche Konsequenzen. Auch ohne Prozess ist der wissenschaftliche Ruf des Autors nachhaltig geschädigt. Um Studenten als angehende Wissenschaftler für diese Problematik zu sensibilisieren, werden häufig schon bei Studien- und Hausarbeiten folgende oder ausführlichere Erklärungen des Verfassers zur wissenschaftlichen Redlichkeit seiner Arbeit verlangt:

„Hiermit versichere ich, dass ich die vorliegende Arbeit selbstständig verfasst und keine anderen als die angegebenen Hilfsmittel benutzt habe.“

Im Sinne der wissenschaftlichen Redlichkeit und eines fairen Umgangs miteinander sollte es keine Schwierigkeit sein, von anderen übernommene Ideen, Texte und Materialien als solche kenntlich zu machen.

Ressourcenverzeichnis

Weiterführende Literatur

Winfried Baumgart, Bücherverzeichnis zur deutschen Geschichte. Hilfsmittel, Handbücher, Quellen. (Historische Grundwissenschaften in Einzeldarstellungen, 5.) 17. Aufl. Stuttgart 2010

Ahasver von Brandt/Franz Fuchs, Werkzeug des Historikers. Eine Einführung in die historischen Hilfswissenschaften. (Kohlhammer-Taschenbücher, 33.) 17. Aufl. Stuttgart 2007

Friedrich Christoph Dahlmann/Georg Waitz: Quellenkunde der deutschen Geschichte: Bibliographie der Quellen und der Literatur zur deutschen Geschichte. Bd. 1–12, 10. Aufl. Stuttgart 1969–1999

Franz Eder, Geschichte online. Einführung in das wissenschaftliche Arbeiten. Köln 2006

Sebastian Erlhofer, Suchmaschinen-Optimierung. Das umfassende Handbuch. (Galileo Computing.) 5. Aufl. Bonn 2011

Nils Freytag/Wolfgang Piereth, Kursbuch Geschichte. Tipps und Regeln für wissenschaftliches Arbeiten. (utb.de Bachelor-Bibliothek, 2569.) 5. Aufl. Paderborn 2011

Klaus Gantert, Elektronische Informationsressourcen für Historiker. Berlin, Boston 2011

Klaus Gantert/Rupert Hacker, Bibliothekarisches Grundwissen. 8. Aufl. München 2008

Martin Gasteiner/Peter Haber (Hrsg.), Digitale Arbeitstechniken für die Geistes- und Kulturwissenschaften. Stuttgart 2008

Engelbert Plassmann, Bibliotheken und Informationsgesellschaft in Deutschland. Eine Einführung. 2. Aufl. Wiesbaden 2011

Wolfgang Schmale, E-Learning Geschichte. Wien 2007

Sachregister

Abbildungsnachweise

Abbildung 1, Abbildung der Booleschen Operatoren auf Seite 13, Abbildung 69 (Oehlmann, eigene Abbildung).

Die übrigen nummerierten Abbildungen sowie die Marginalien auf den Seiten 2, 29, 43, 54 unten, 76 und 116 sind Ausschnitte aus dem Angebot der jeweils behandelten Informationsressourcen.

Die Abbildungen in den Marginalien auf den Seiten 21, 24 (oben und unten), 103 und 109 (oben und unten) stammen aus Getty Images, iStockphoto, Jupiterimages/Thinkstock; die Bilder in den Marginalien auf den Seiten 4, 12, 13, 124 sind Abbildungen des Herausgebers; die Abbildungen in den Marginalien auf Seite 54 und 93 stammen aus der Herzog August Bibliothek in Wolfenbüttel. Bei den übrigen Marginalienbildern auf den Seiten 1, 14, 18, 19, 24 (Mitte), 36, 37, 40, 47, 53 (oben), 73, 74, 79, 80, 85, 86, 106 und 117 handelt es sich um eigene Bilder.

www.ingramcontent.com/pod-product-compliance
Lightning Source LLC
Chambersburg PA
CBHW080543110426

42813CB00006B/1189